新时代智库出版的领跑者

本书为国家自然科学基金面上项目"基于互联网大数据和重复交易法的中国城市住房价格指数编制研究"(批准号：71774169)及中国社会科学院国情调研重大项目"重点城市住房租赁市场发展现状与关键问题调研"阶段性成果。

国家智库报告（2021）
National Think Tank (2021)

大分化时代与新居住展望
中国住房大数据分析报告
（2020—2021）

THE ERA OF GREAT DIFFERENTIATION AND
PROSPECTS OF NEW RESIDENCE INDUSTRIES:
HOUSING BIG DATA ANALYSIS REPORT OF CHINA (2020-2021)

邹琳华　陈杰　李文杰　著

中国社会科学出版社

图书在版编目(CIP)数据

大分化时代与新居住展望：中国住房大数据分析报告.2020-2021 / 邹琳华等著.—北京：中国社会科学出版社，2021.7
(国家智库报告)
ISBN 978-7-5203-8261-8

Ⅰ.①大… Ⅱ.①邹… Ⅲ.①数据处理—应用—住宅市场—市场趋势—研究—中国—2020-2021 Ⅳ.①F299.233.5-39

中国版本图书馆 CIP 数据核字(2021)第 070477 号

出 版 人	赵剑英
项目统筹	王 茵 喻 苗
责任编辑	喻 苗
责任校对	任晓晓
责任印制	李寡寡

出　　版	中国社会科学出版社
社　　址	北京鼓楼西大街甲 158 号
邮　　编	100720
网　　址	http://www.csspw.cn
发 行 部	010-84083685
门 市 部	010-84029450
经　　销	新华书店及其他书店

印刷装订	北京君升印刷有限公司
版　　次	2021 年 7 月第 1 版
印　　次	2021 年 7 月第 1 次印刷

开　　本	787×1092 1/16
印　　张	12
插　　页	2
字　　数	168 千字
定　　价	68.00 元

凡购买中国社会科学出版社图书，如有质量问题请与本社营销中心联系调换
电话：010-84083683
版权所有　侵权必究

参与机构

中国社会科学院财经战略研究院住房大数据项目组

上海交通大学住房与城乡建设研究中心

贝壳研究院

中国城市经济学会房地产专业委员会

纬房研究院

稷夏城乡发展研究中心

燕山大学（中国）住房公积金研究中心

公积金信息化（西安）研究中心

大分化时代与新居住展望
中国住房大数据分析报告（2020—2021）
课题组名单

顾　　问：高　波　林　涛

作　　者：邹琳华　陈　杰　李文杰

课题组成员：王业强　吕风勇　韩　伟　王战洪
　　　　　　吴义东　张燕燕　许小乐　魏艳霞
　　　　　　刘丽杰　刘婧姝　李萧萧　闫金强
　　　　　　曹凤娟　汤子帅　杨琳琳　粟样丹
　　　　　　秦　博　潘　浩　贾莎莎　喻　平
　　　　　　刘　畅　黄　卉　赵　丹　陆卓玉

摘要：本书为第三部中国住房大数据分析年度报告，同时也是该年度报告的第一次正式出版。本书由中国社会科学院财经战略研究院住房大数据项目组、上海交通大学住房与城乡建设研究中心、贝壳研究院等团队专家，利用住房大数据及相关分析方法共同撰写。

本书分析预测了2020—2021全国重点城市住房市场走势，根据人工智能模型提出了城市房价涨跌预警，基于消费者视角测度了房地产企业品牌价值，评价了中国城市住房公积金总体和分项发展质量，分析总结了品质住房、营销革命、行业逻辑、经纪行业职业化、长租公寓发展、老旧小区改造等新居住领域的发展与变革，展望了十四五存量深化与服务崛起。

本书重点城市市场分析发现，核心城市房价和租金继续呈现背离走势，经济基本面难以支持房价的持续上涨或普遍上涨。房价的结构性上涨或区域轮动将成为近期市场主要趋势。据此预测，一二线城市房价结构性上涨，三四线城市总体下跌，房地产调控有针对性趋严。

城市房价涨跌预警系统发现，部分城市可能存在异常上涨或异常下跌。局部房价下跌监测预警，将成为市场监测预警的重要方面。与历史高点相比，部分城市已经出现了较深幅度房价调整。城市房地产市场分化较为严重，在个别城市房价距最高点腰斩的同时，另有部分城市房价创出2018年1月以来的新高。

基于消费者视角的房地产企业品牌价值测度发现，在存量房市场上，品牌价值TOP10房企的平均品牌溢价率为15.8%，品牌价值TOP50房企的平均品牌溢价率为9.5%，品牌房企平均产品品质和消费者市场认可度高于社会一般水平，存量房市场存在品牌价值。

本书对我国城市层面住房公积金的发展状况进行了更加

深入的全景式数据分析，特别是从发展规模、发展增速、发展结构、资金利用率、资金效益和资金安全等六个维度进行了全面的梳理和评价。在住房公积金发展质量进一步分项评估中，按照发展规模、发展增速、发展结构、资金利用率、资金效益和资金安全这六大一级指标，分别深入展开评论与探讨。

品质住房成为消费者住房消费趋势。以北京、上海、深圳、广州及杭州等为代表的头部城市存量房市场改善消费趋势明显。消费趋势从"居者有其屋"向"居者优其屋"升级，主力消费人群年轻化趋势明显，"她经济"持续走强。

房产互联网营销带来价值链重塑。房地产信息平台能够做到对海量房源进行筛选和匹配，大大提升了选房效率。房地产营销模式也朝着更利于消费者操作的方向演变。营销载体转向移动端，技术层面向"VR看房"、数据可视化、人工智能等新的领域探索。

行业逻辑变革下，房企呈高集中度、强分化性特征。联合开发受青睐，房企抢占一、二线核心城市。房地产行业利润高点不再，房企理性应对行业整体盈利水平下滑趋势。严厉监管之下，房企融资将呈结构性变化。物管企业分拆上市成为资本市场"宠儿"。

消费者对品质服务的要求，正倒逼经纪从业者提升职业化水平并加强合作。在此背景下，职业认证、职业教育、雇主品牌都得到更多重视。行业协作也逐步从经纪人间分角色合作，拓展至门店、品牌等产业生态伙伴之间的共生。

长租公寓面临行业困境，企业进入"规模陷阱"和风险触发状态，产品模式有待变革。老旧小区改造虽是一个上万亿的市场，但社会资本参与还存在诸多困难，推进社会力量参与老旧小区改造需要进一步政策支持。

本书展望，十四五期间中国房地产将会出现市场存量化程度加深、区域市场分化加剧、从卖方市场到买方市场行业变革加速、从对住房数量的要求到对居住品质的要求转变等新趋势。

关键词：住房大数据　新居住　市场分化　公积金　十四五

Abstract: This book is the third annual report of China's housing big data analysis, and it is also the first official publication of the annual report. This book is jointly written by experts from the Housing Big Data Project Group of the National Academy of Economic Strategy, Chinese Academy of Social Sciences, the Housing and Urban-Rural Development Research Center of Shanghai Jiaotong University, and the Shell Research Institute, using housing big data and related analysis methods.

This book analyzes and predicts the trend of the housing market in key cities across the country from 2020 to 2021. According to the artificial intelligence model, it provides an early warning of the rise and fall of urban housing prices, measures the brand value of real estate companies from the perspective of housing consumers, and evaluates the overall and sub-item development quality of China's urban housing provident fund. It also summarizes the development and transformation of new residential areas such as quality housing, marketing revolution, industry logic, professionalization of the brokerage industry, development of long-term rental apartments, and renovation of old communities, and looks forward to the deepening of inventory and the rise of services during the 14th Five-Year Plan period.

The analysis of the key cities in this book reveals that housing prices and rents in core cities continue to deviate, and economic fundamentals cannot support the continued or general rise in housing prices. The structural increase in housing prices or regional rotation will become the main market trend in the near future. Based on this forecast, housing prices in first- and second-tier cities will rise structurally, while third-and fourth-tier cities will generally decline, and real estate regulation will become more targeted.

The early warning system for price rises and falls in cities found that some cities may have abnormal rises or fall. Monitoring and early warning of local housing prices will become an important aspect of market monitoring and early warning. Compared with historical highs, some cities have seen a deeper adjustment in housing prices. The urban real estate market is highly fragmented. Specifically, the housing prices in some cities has been cut from the highest point, while in other cities have reached new highs since January 2018.

The brand value measurement of real estate companies based on the consumer's perspective found that in thestock housing market, the average brand premium rate of the TOP10 brand value real estate companies was 15.8%, and the average brand premium rate of the TOP50 brand value real estate companies was 9.5%. Product quality and consumer market recognition are higher than the general level of society, and there is brand value in the stock housing market.

This book provides a more in-depth, panoramic data analysis of the development status of housing provident funds at the urban level in China, especially from the six dimensions of development scale, development growth rate, development structure, capital utilization, capital efficiency, and capital security. In the further sub-assessment of the development quality of the housing provident fund, in-depth comments and discussions are conducted in accordance with the six primary indicators of development scale, development growth rate, development structure, capital utilization rate, capital efficiency and capital safety.

Quality housing has become a housing consumption trend. The stock housing market in the top cities represented by Beijing, Shanghai, Shenzhen, Guangzhou and Hangzhou has seen an obvious improvement in consumption. The consumption trend has been upgraded from "Home Ownership" to "Home Enjoyment". The main consumer group is becoming younger and the "her economy" continues to strengthen.

Internet marketing of real estate hasreshaped the value chain. The information platform of real estate can screen and match massive listings, greatly improving the efficiency of house selection. The real estate marketing model is also evolving in a direction that is more conducive to consumer operations. The marketing carrier is shifting to the mobile terminal, and the technical layer is geared towards exploring new areas such as "VR viewing", data visualization, and artificial intelligence.

Under the change of industry logic, real estate enterprises are characterized by high concentration and strong differentiation. Joint development is favored, and real estate companies seize first- and second-tier core cities. The profit of the real estate industry is no longer high, and real estate companies respond rationally to the downward trend in the overall profitability of the industry. Under strict supervision, the financing of real estate enterprises will show structural changes. The spin-off and listing of property management companies has become the "darling" of the capital market.

Consumers' requirements for quality services are forcing brokerage practitioners to improve their professionalism and strengthen cooperation. In this context, vocational certification, vocational education, and employer brand have all received more attention. Industry collaboration has also gradually expanded from role-based cooperation among brokers to symbiosis among industrial ecosystem partners such as stores and brands.

Long-term rental apartments are facing difficulties. Companies have entered a "scale trap" and risk-triggered state. And the product models need to be changed. Although the renovation of old communities is a trillion-dollar market, there are still many difficulties in the participation of social capital. Further policy support is needed to promote social forces to participate in the renovation of old communities.

The book expects that during the 14th Five-Year Plan period, China's real estate will see new trends such as the deepening of the market inventory, the intensified differentiation of the regional market, the accelerated transformation of the industry from the seller's market to the buyer's market, and the shift from the demand for housing quantity to the demand for residential quality.

Key words: Housing Big Data; New Residence; Market Differentiation; Provident Fund; 14th Five-Year Plan

目 录

一 全国重点城市住房市场走势分析与预测 …………（1）

二 因城施策背景下的城市房价涨跌预警 ……………（20）

三 基于消费者视角的房地产企业品牌价值测度 …………（28）

四 中国城市住房公积金发展质量总体评估（2020）……（34）

五 中国城市住房公积金发展质量分项评估（2020）……（46）

六 品质住房：消费者住房消费趋势 ……………………（83）

七 营销革命：房产互联网营销带来价值链重塑 ………（103）

八 行业逻辑加速变革"稳速提质"成为新课题 ………（121）

九 经纪行业职业化与合作升级 ……………………（135）

十 长租公寓是否还有春天 ……………………（148）

十一 老旧小区改造蓄势待发 ……………………（162）

专题 展望"十四五"：存量深化，服务崛起 …………（171）

后记与出版说明 ……………………………………（175）

一　全国重点城市住房市场
走势分析与预测

（一）基本分析预测框架

从长期看，城市住房市场走势取决于城市经济基本面，即收入增长、人口变动等长期变量。长期收入增速较快、长期人口净增长或净流入等，都将有力支撑房价的长期上涨。反之，如果长期收入增长停滞或下跌，长期人口收缩，则房价从长期看趋于下跌。

但短期房价波动受长期基本面因素的影响较小，做短期市场分析时可以较少考虑这些长期变量。住房市场的短期走势，主要取决于短期市场供求关系变动。

其中影响或决定短期需求的重要变量包括货币信贷松紧程度、资金成本高低、市场预期乐观程度、首次及改善性需求增长状况、调控政策变化等。

短期市场预期又受到宏观经济形势及相近或同类城市房价涨跌空间传导因素的重要影响。比如深圳房价的上涨，可能会直接影响公众对北京、上海等其他一线城市及其周边城市如东莞、惠州等的房价预期。

影响或决定短期供给变动的因素包括存量空置状况、库存状况等。存量空置率高，意味着二手房的抛售压力可能较大。库存状况又取决于土地出让及在建的规模，主要影响新房供应。

总体而言，在短期分析中，需求因素特别是预期因素居于重要地位，相对来说供给因素处于从属地位。因为需求因素较易变动、波动较大且难以预测，而供给变化受建筑开发时滞的影响，变动相对缓慢而可预测。由于短期需求的迅速膨胀，房价能在一年内上涨一倍，但是供给及收入、人口等长期因素可以不发生变化（见图1-1）。

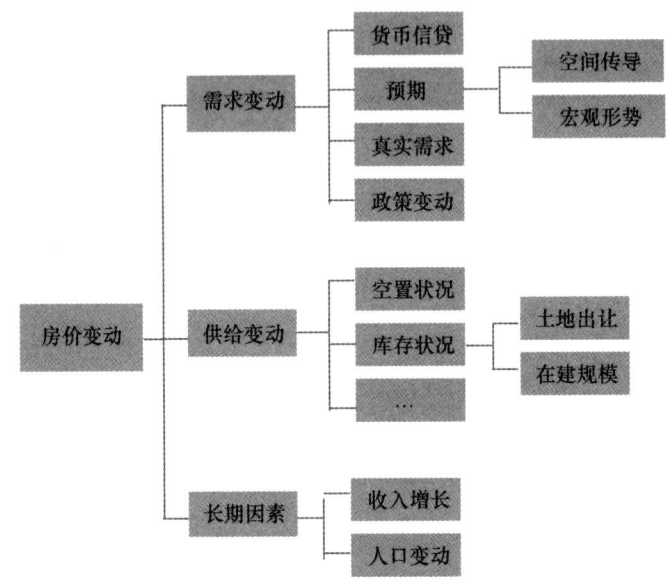

图1-1 住房市场走势分析基本框架

本报告关于短期市场走势的分析判断，以短期市场预期特别是空间传导为主，结合供给因素及长期因素进行分析。

（二）全国住房市场整体走势分析：核心城市房价连续8个月上涨，二手住房成交量冲高回落

核心城市房价连续8个月上涨。与住房租金受疫情影响下跌不同，核心城市房价在疫情冲击下总体仍连续上涨。反映24个核心城市综合房价变动的纬房核心指数显示，2020年10月，

纬房核心指数环比上涨0.35%，为连续第8个月房价环比上涨。相比2020年2月的阶段性低点，核心城市房价上涨了5.5%（见图1-2）。

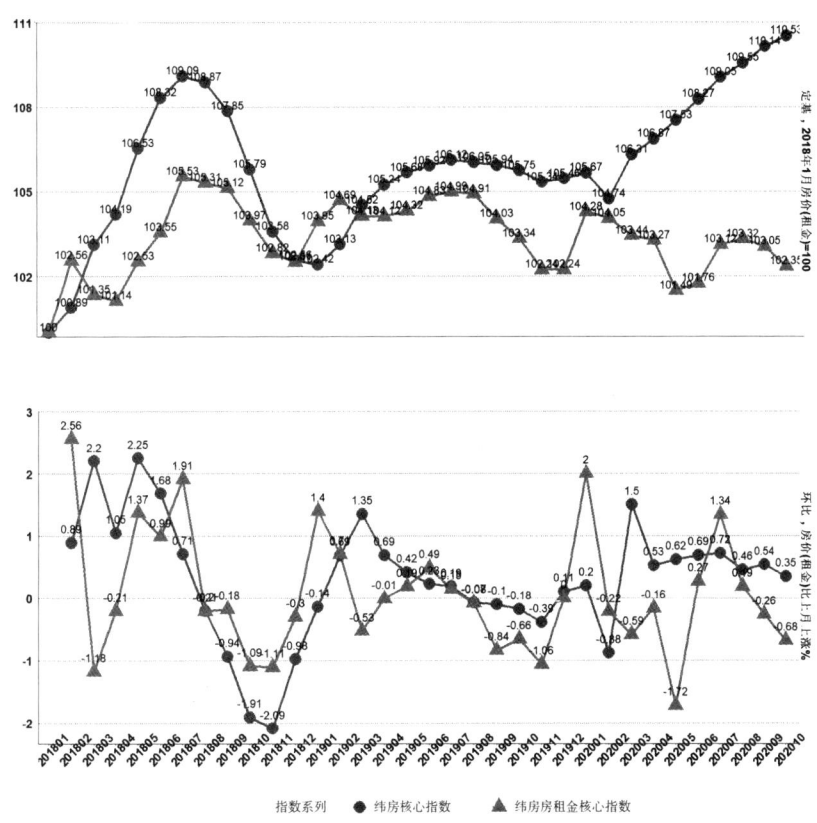

图1-2 纬房核心指数与纬房房租金核心指数

资料来源：纬房大数据（www.zfdsj.org）。

重点城市二手住房成交量冲高回落。2020年3—5月，重点城市二手住房成交量迅速回升。重点城市二手住房成交量指数显示，2020年5月，10大重点城市二手住房成交量指数为285.96（以2017年1月成交量为100点），为2017年1月以来的历史最高点。2020年6—10月，虽然二手房成交量有所下滑，但仍处于历史较高水平（见图1-3）。二手房成交量的放大，既有受疫情影响累积需求释放的因素，也有短周期波动的因素。

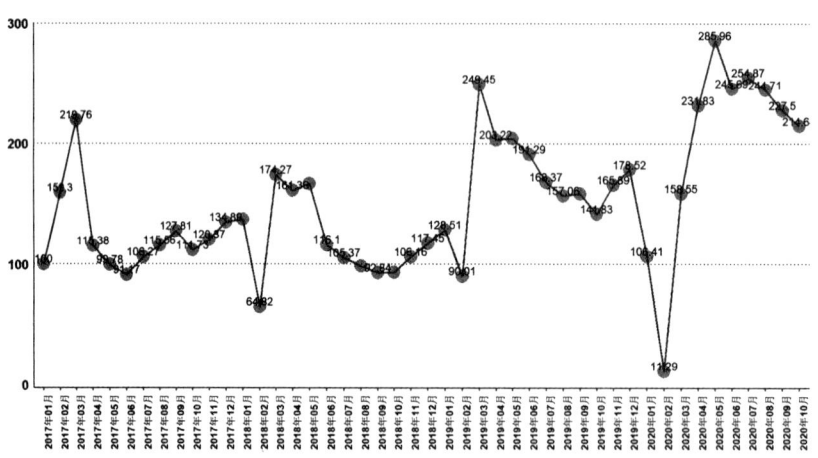

图1-3 纬房成交量指数（2017年1月成交量=100）

资料来源：纬房大数据（www.zfdsj.org）。

（三）分层级住房市场走势分析：一线城市涨速领先，部分二线城市上涨较快

一线城市涨速领先，二、三、四线城市涨速相对平缓。纬房城市分级指数显示：2020年10月，一线城市房价环比上涨0.8%，涨速相对较快；二线城市环比上涨0.2%；三线城市环比上涨0.1%；四线城市环比上涨0.3%，房价均稳中有升（见图1-4）。一、二、三线城市房价在年初出现短暂下滑后，均重新上涨。

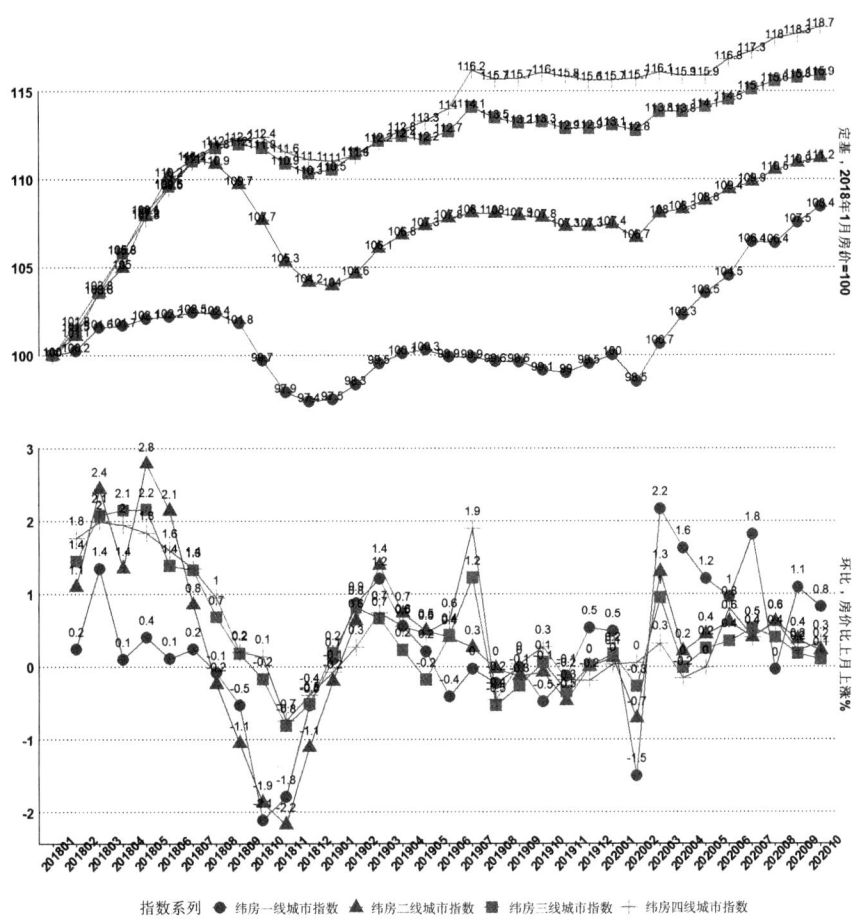

图1-4 纬房城市分级指数

资料来源：纬房大数据（www.zfdsj.org）。

一线城市中深圳涨势一枝独秀，上海上涨有所加快，北京、广州相对平稳。

从2019年7月开始，深圳房价在一线城市中独立上涨。自2020年2月开始，上海房价上涨速度加快，由在一线城市中独立下跌到与北京、广州走势持平。截至2020年10月，与历史最高点比较，一线城市中深圳创出新高，北京距最高点累计跌15.8%，广州距最高点累计跌5.2%，上海距最高点累计跌5%。

2020年10月，上海环比涨幅扩大，深圳环比涨幅收窄，北京、广州相对平稳。一线城市纬房指数环比显示（见图1-5），10月上海环比上涨1.25%，比上月扩大0.29个百分点，但房价水平并未创出历史新高；深圳环比上涨1.11%，比上月收窄0.95个百分点但涨速仍相对较高；北京环比与上月持平；广州环比上涨0.53%。

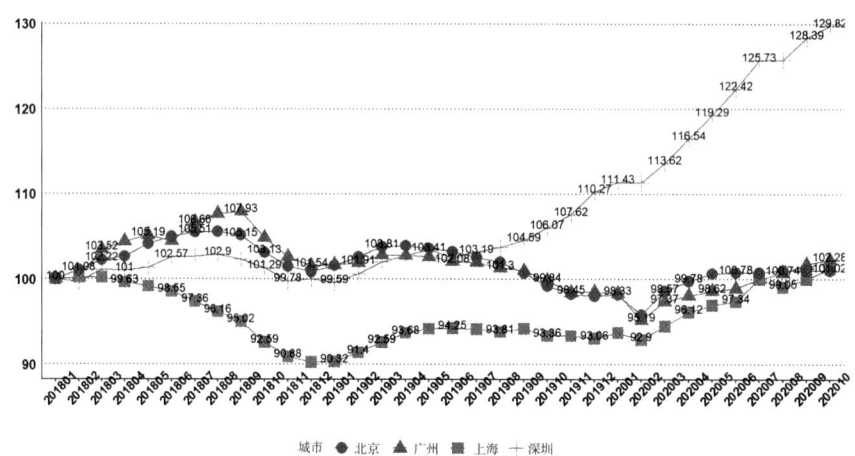

图1-5 一线城市纬房指数（定基，2018年1月房价=100）
资料来源：纬房大数据（www.zfdsj.org）。

从近一年一线城市房价走势看，深圳、上海上涨领先，广州、北京微涨。一线城市纬房指数同比显示，2020年10月，在疫情冲击的背景下，深圳房价仍出现异常波动，近一年来房价累计上涨22.38%。但随着调控的跟进和涨幅的累积，深圳房价有望趋稳或冲高下跌。近一年上海房价累计上涨了8.46%，房价上涨预期抬头。广州累计上涨2.45%，北京累计上涨1.85%，房地产市场持续平稳（见图1-6）。

大分化时代与新居住展望 7

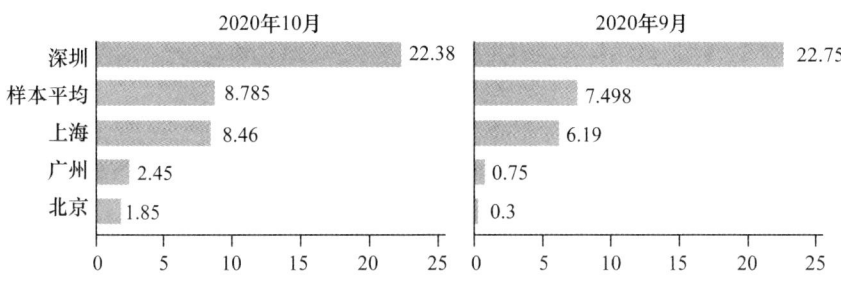

图1-6 一线城市纬房指数（同比，房价比上年同月上涨%）
资料来源：纬房大数据（www.zfdsj.org）。

二线城市中，上涨相对较快的有宁波、东莞、无锡、南通、西安、昆明等，以上海及深圳周边城市为主，多数二线城市房价平稳。

二线城市纬房指数环比显示，2020年10月，东莞、西安、宁波居二线城市月度涨幅前三位。其中东莞10月环比上涨1.11%，比上月收窄2.11个百分点但涨速仍较高。西安环比上涨1.05%，宁波环比上涨0.89%。天津环比下跌0.96%，房价处于稳中略降状态（见图1-7、图1-8、图1-9）。

二线城市纬房指数同比显示，2020年10月，在疫情冲击的背景下，近一年来东莞、宁波、南通等房价累计涨幅均在10%以上。其中东莞房价年上涨30.29%、宁波年涨17.28%、南通年涨12.61%，房价上涨相对较快。

近一年来，济南房价累计下跌5.56%，石家庄房价累计下跌4.41%，天津房价累计下跌4.16%。但作为二线城市，即使经济增长乏力人口流入放缓，住房真实需求仍然存在。

8 国家智库报告

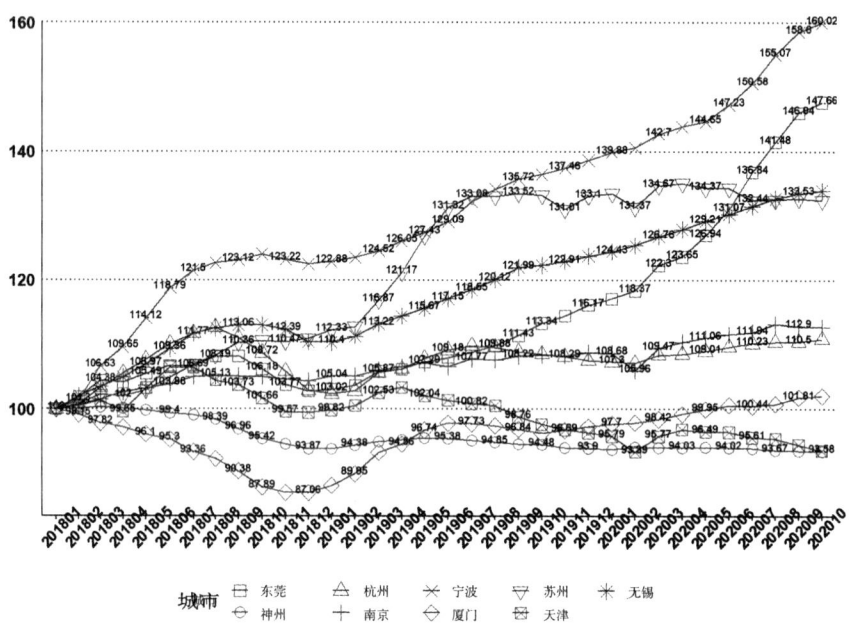

图1-7 二线城市纬房指数1（定基，2018年1月房价=100）

资料来源：纬房大数据（www.zfdsj.org）。

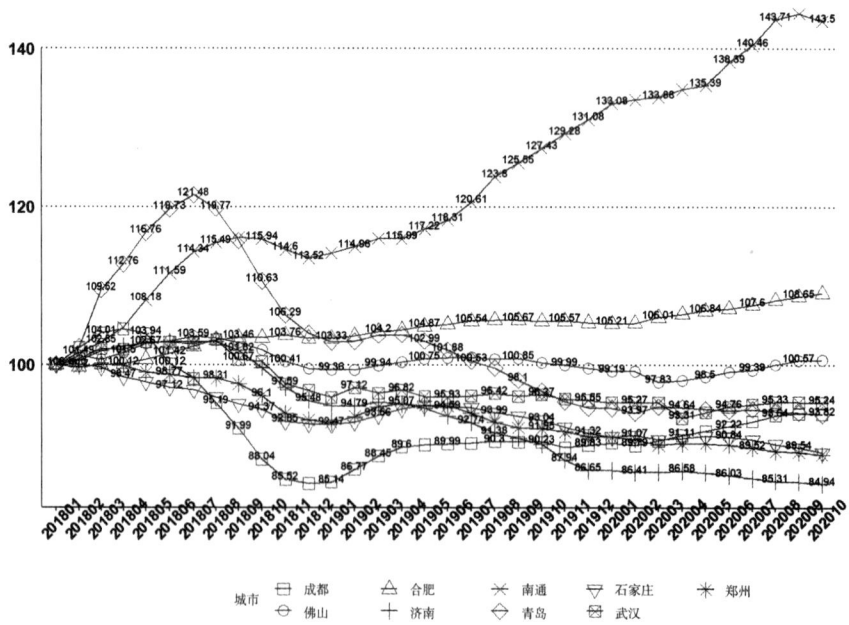

图1-8 二线城市纬房指数2（定基，2018年1月房价=100）

资料来源：纬房大数据（www.zfdsj.org）。

大分化时代与新居住展望 9

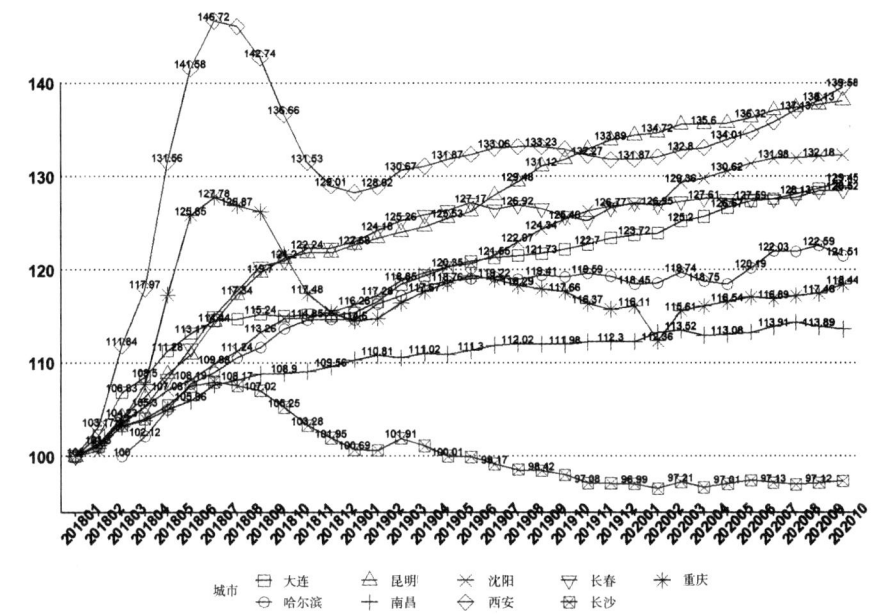

图1-9 二线城市纬房指数3（定基，2018年1月房价=100）
资料来源：纬房大数据（www.zfdsj.org）。

（四）分区域住房市场走势分析：长三角、大湾区核心城市房价上涨较快

从近一年分区域市场走势看（见图1-10），长三角、大湾区核心城市房价上涨较快，京津冀核心城市房价总体下跌。纬房区域指数显示，2020年经历了2月的下降和3—5月的反弹后，从6月开始，京津冀核心城市房价持续下跌。而从2020年4月开始，长三角核心城市和大湾区核心城市房价均持续上涨。此外，东北核心城市及海峡西岸核心城市均稳中有涨。其中东北核心城市2018年以来领涨于各区域核心城市，但2020年涨势总体不及长三角核心城市和大湾区核心城市，其"填谷"行情总体趋于尾声。

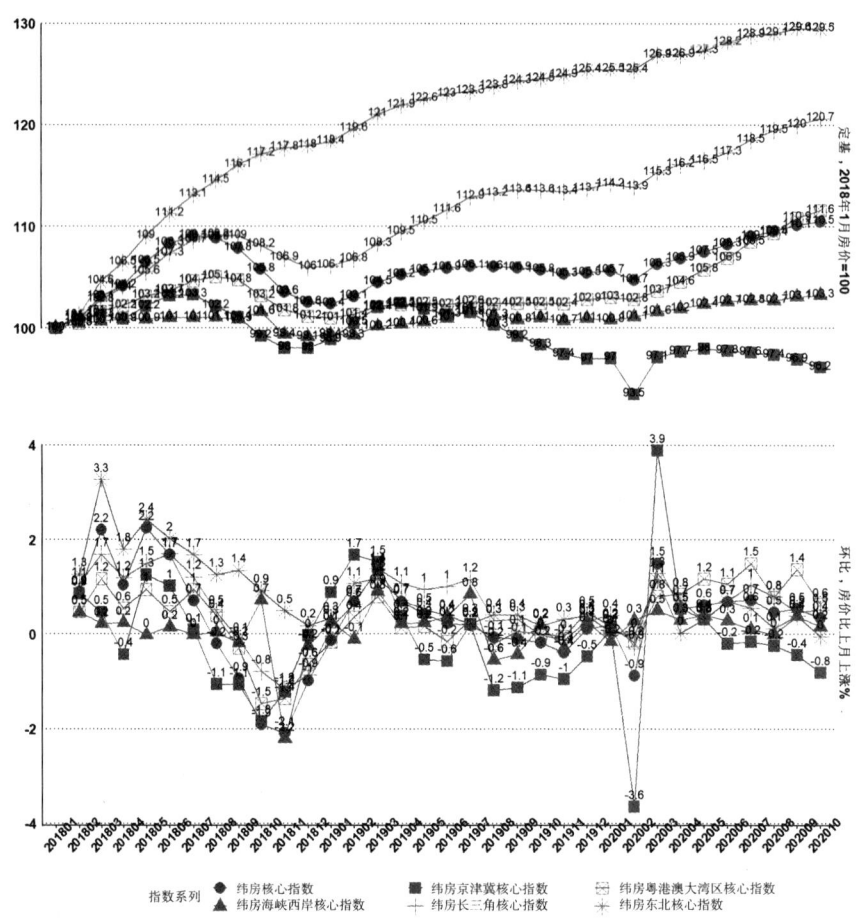

图1-10 纬房区域市场指数

资料来源：纬房大数据（www.zfdsj.org）。

（五）住房租赁市场走势分析：租金总体下跌，房价与租金走势的"剪刀差"继续扩大

核心城市住房租金短暂季节性上升后再度回落。反映22个核心城市住房租金综合变化的纬房租金核心指数显示（见图1-11），2020年2月以来，受疫情冲击等因素影响，核心城市住房租金

连续4个月下跌。2020年6月进入租房市场传统旺季，核心城市租金才开始止跌回升。2020年6月，纬房租金核心指数上升至101.76点（以2018年1月租金水平为100点），比上月上升0.27%。这是疫后核心城市住房租金首次出现回升。但6—8月租金上升具有鲜明的季节性特征，并且在随后9—10月租金再度下跌。

租金涨跌背后，是招聘、开业等经济先行指标的活跃度变化。核心城市租金出现季节性回升表明，疫后经济已经进入实质性复苏阶段，开业、招聘等经济先行指标已经开始实质性复苏。但租金9—10月的再度下跌，表明经济复苏基础还不稳固。核心城市住房租金的超预期下跌，是各类长租公寓提前"爆雷"的一个重要触发因素。预计随着租房市场的持续低迷，长租公寓的"爆雷"风潮也将持续。

一线城市中，上海租金连续上涨，北京租金连续下跌。2020年以来，深圳、上海租金总体上涨，广州、北京租金总体下跌，其中北京租金下跌在一线城市中最显著（见图1-12）。2020年，一线城市中，在租房市场传统旺季的7月份，上海、广州、深圳住房租金均出现较明显的季节性上涨，其中广州环比上涨1.04%，上海环比上涨1.07%、深圳环比上涨1.62%，只有北京仍环比下跌0.67%。

上海住房租金于2020年6月开始连续上涨5个月，表明经济基本面状况较好，经济复苏较快。北京住房租金于2020年3月开始连续下跌8个月，表明经济基本面状况在一线城市中相对低迷，经济还未能有力复苏。广州、深圳在年中均有季节性的恢复性上涨。

多数二线城市暑期租金出现季节性上扬，但二线城市全年住房租金总体呈现下跌态势（见图1-13、图1-14、图1-15）。

12 国家智库报告

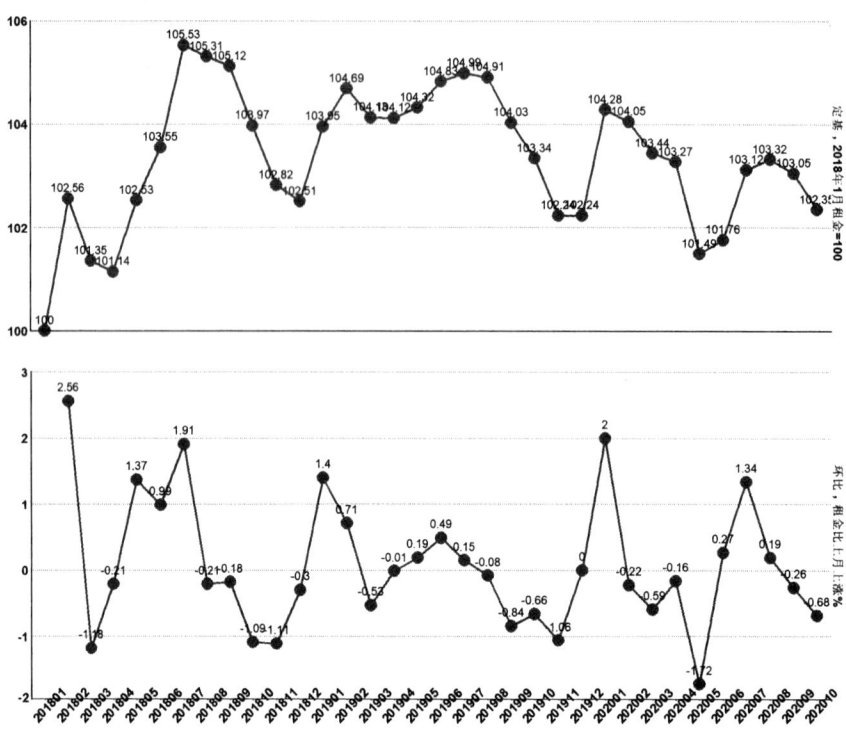

图1-11 纬房房租金核心指数

资料来源：纬房大数据（www.zfdsj.org）。

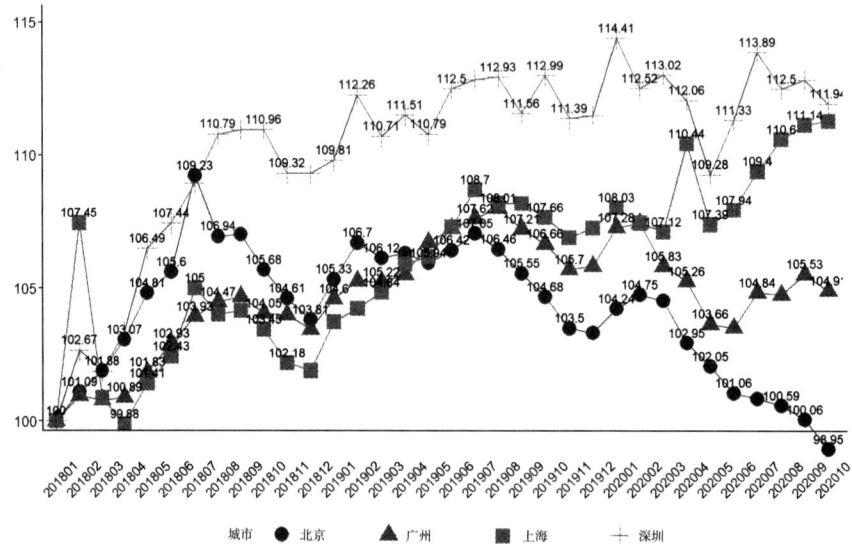

图1-12 一线城市纬房房租金核心指数（定基，2018年1月租金=100）

资料来源：纬房大数据（www.zfdsj.org）。

大分化时代与新居住展望 13

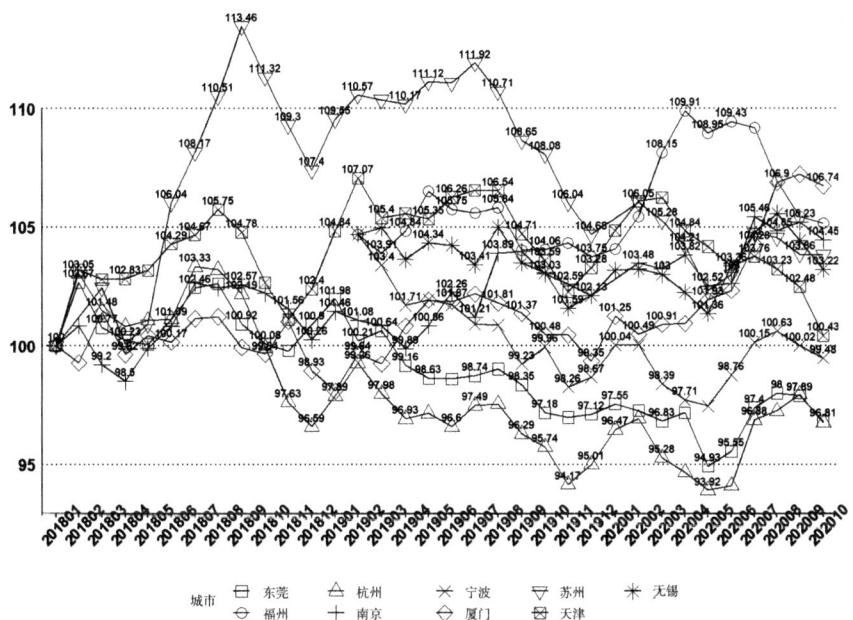

图 1-13 二线城市纬房房租金核心指数1（定基，2018年1月租金=100）
资料来源：纬房大数据（www.zfdsj.org）。

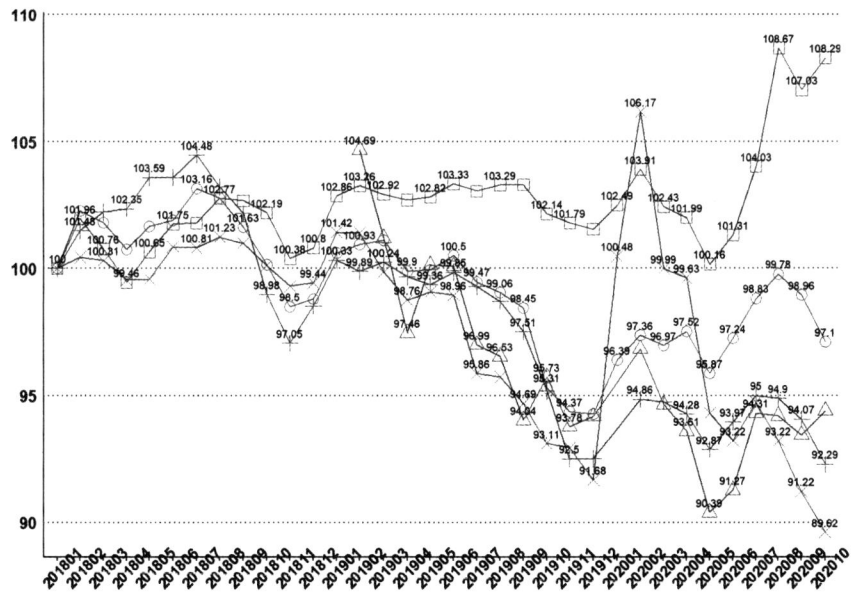

图 1-14 二线城市纬房房租金核心指数2（定基，2018年1月租金=100）
资料来源：纬房大数据（www.zfdsj.org）。

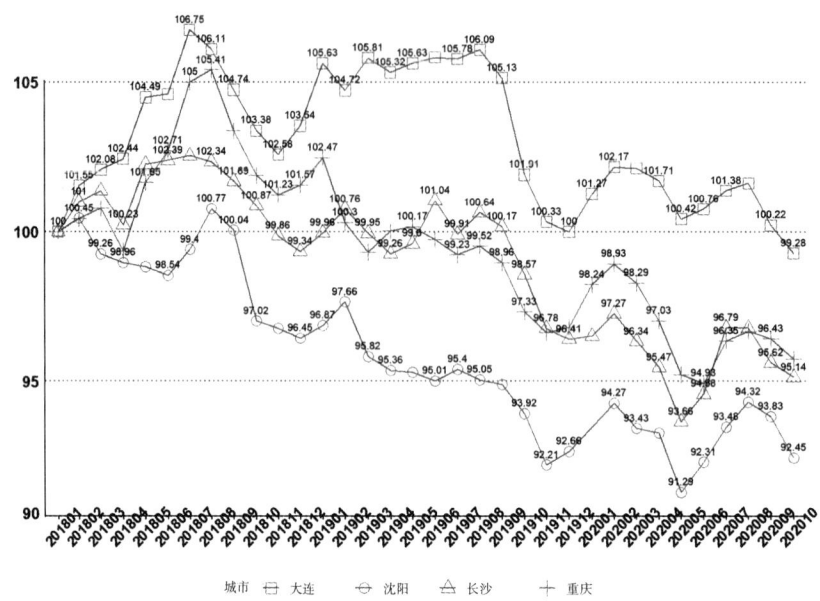

图 1-15 二线城市纬房房租金核心指数 3（定基，2018 年 1 月租金 = 100）

资料来源：纬房大数据（www.zfdsj.org）。

2020 年，在租房市场传统旺季的 7 月份，二线城市中南通、南京、杭州、成都、长沙住房租金环比分别上涨了 3.12%、3.11%、2.77%、2.43%、2.42%，依次居二线城市租金涨速前 5 位。2020 年 7 月二线城市中，仅天津、大连、福州三城市住房租金环比下跌。其中天津环比下跌 0.01%、大连环比下跌 0.1%、福州环比下跌 0.13%，租金跌幅均较为微小。

到 2020 年 10 月，虽然经历短暂回升，多数二线城市 2020 年租金总体仍呈现下跌态势，只有成都等少数城市租金呈现上升态势。

房价与租金走势的"剪刀差"继续扩大。近年来，房价的涨速要总体高于租金涨速，二者之前存在一个"剪刀差"。2020 年以来，随着房价上涨与租金下跌，房价与租金的"剪刀差"不断扩大，表明房地产市场的泡沫化风险也同步有所增加。

2020 年暑期虽然租金出现季节性上涨，但租房旺季过后租金仍下跌。随着房价继续上涨，房价与租金背离的趋势并未改变。反映全国24个最核心城市住房价格综合走势的纬房核心指数显示，2020年10月核心城市房价环比上涨0.35%。反映全国22个最核心城市住房租金综合走势的纬房租金核心指数显示，2020年10月核心城市住房租金环比下跌0.68%。

核心城市房价和租金继续呈现背离走势，表明经济基本面难以支持房价的持续上涨或普遍上涨。房价的结构性上涨或区域轮动将成为近期市场主要趋势。

（六）市场预测：一、二线城市房价结构性上涨，三、四线城市总体下跌，房地产调控有针对性趋严

2020年，虽然经济活动受到疫情的严重冲击，但是房价却未因此持续下跌，一线城市房价还出现结构性较快上涨。这与资金脱实入虚有一定关系，尽管金融政策支持主要是针对中小企业，但是实体经济资金吸纳能力有限，资金流入资本市场意愿强烈。

从市场表现看，一、二线城市房地产市场明显有结构性上涨的态势。一线城市中，除北京外，房价涨幅均扩大，深圳房价上涨对市场预期影响巨大；二线城市房价总体呈稳中趋涨态势，东莞、南通、宁波、无锡等二线城市房价涨速相对较快。

预计2021年，一、二线城市将继续保持结构性上涨态势，北京市场可能触底回升，上海市场可能继续上涨。2020年核心城市住房租金总体呈现下跌趋势，房价租金比仍呈扩大态势，房价上涨的基础并不牢固。由于经济基本面不支持房价普遍上涨，分化、结构性上涨或板块轮流上涨为市场主流趋势。一线城市中，上海市场有初步启动的态势。经历4年下跌调整的北京及环京楼市也有可能受其他一线城市房价上涨的传导，房价

触底回升。

另外，随着老旧小区改造替代棚改成为二、三、四线城市住房政策的重点，已经经历一波快速上涨的三、四线城市房价可能失去重要支撑。除一线城市周边外的三、四线城市房价可能再度走向下跌。

宏观经济已初步从疫情阴影中走出，房地产调控空间加大。按历年来的房地产调控经验来看，各地房地产市场调控往往受制于经济形势，保持调控定力有一定困难。当经济增速存在下滑的风险时，各地房地产市场调控往往很难严格执行。当前，虽然已经明确了"房住不炒"及"不以房地产作为短期刺激经济手段"等总体方略，但是各地房地产市场调控在执行阶段仍然存在松紧考量。

2020年下半年，经济出现实质性复苏。2020年三季度，我国GDP为266172亿元，按不变价格计算，比上年同期增长4.9%。前三季度，我国GDP为722786亿元，按不变价格计算，比上年同期增长0.7%，上半年下降1.6%，累计增速年内首次实现由负转正。随着经济基本面的向好，宏观经济对房地产市场退热或回落的承受能力也随之加大。房地产调控的空间增大，底气更足，"房住不炒"的方略能够得到更好的实施。在因城施策的背景下，房地产调控将有针对性趋严。

附录　报告指标说明

纬房指数　纬房指数为首个基于住房大数据和重复交易法的新型房价指数。通过新技术的应用，纬房指数有效规避了阴阳合同价、非理性报价、网签时间滞后、加总失真等技术难题，从而更为贴近居民家庭对房价涨跌的真实感受。纬房指数为公益性月度房价指数，目前包含纬房核心指数和纬房租金核心指数2个全国性综合指数、142个主要城市房价指数、约30个重点城市的住房租金指数及数十个重点城市的区县房价指数,每月中下旬完成上月指数。纬房指数现有定基、环比、同比3个维度,同时提供大数据房价中位数作为参考。纬房指数主要监测存量住房价格变动,新建商品住房价格变动暂不计入纬房指数。作为基于大数据的开放式房价指数,纬房指数的监测深度与广度将不断递进。纬房指数为大数据挖掘研究前沿成果,数据仅作为市场研究参考,住房市场评价以政府统计部门数据为准。

纬房租金核心指数 纬房租金核心指数综合了全国22个核心城市住房租金的变化,可作为分析中国住房市场变化的重要参照系。22个核心城市分别为北京、成都、大连、东莞、广州、杭州、济南、南京、青岛、厦门、上海、深圳、沈阳、苏州、天津、武汉、长沙、重庆、福州、南通、宁波、无锡,基本覆盖了中国最具经济竞争力的城市群体。其中包含一线城市4个,二线城市18个。纬房核心租金指数以2018年1月为租金基期,以各城市2016年在岗职工工资总额为指数权重进行综合计算。详细租金指数等可于微信小程序"纬房大数据"查询。

纬房核心指数 纬房核心指数综合了全国24个核心城市住房价格的变化,可作为中国房地产市场的重要晴雨表。24个核心城市分别为上海、北京、深圳、广州、天津、重庆、苏州、杭州、武汉、成都、南京、宁波、青岛、郑州、无锡、长沙、厦门、济南、西安、沈阳、大连、福州、南通、东莞,基本覆盖了中国最具经济竞争力的城市群体。其中包含一线城市4个,二线城市20个。纬房核心指数以2018年1月为房价基期,以各城市2017年商品住房销售额为指数权重进行综合计算。

纬房区域核心指数 纬房区域核心指数包括京津冀核心指数、长三角核心指数、粤港澳大湾区指数、海峡西岸核心指数、东北核心指数5个综合指数,用以反映中国主要城市群具有竞争力的核心城市房价综合变动状况。其中京津冀核心指数样本包括沧州、保定、北京、天津、廊坊、石家庄、唐山；长三角核心指数样本包括常州、杭州、南京、宁波、苏州、无锡、嘉兴、南通、合肥、上海、绍兴、泰州、芜湖、盐城、扬州；粤港澳大湾区指数样本包括广州、东莞、惠州、江门、深圳、佛山、肇庆、中山、珠海；海峡西岸核心指数样本包括厦门、福州、赣州、泉州、温州、漳州；东北核心指数样本包括大连、长春、沈阳、哈尔滨。以各城市2017年商品住房销售额为指数权重进行综合计算。

成交量指数 成交量指数以十大城市二手房成交量为基础。十大城市的样本包括北京、上海、成都、大连、武汉、苏州、深圳、南京、杭州、重庆，以2017年1月为100。

样本城市分级规则 根据经济规模、财政收入、房价水平、行政等级、发展潜力、市场认可度等因素对样本城市进行分类。一线城市（4个）：北京、上海、广州、深圳；二线城市（27个）：苏州、重庆、天津、杭州、武汉、成都、南京、宁波、青岛、郑州、无锡、长沙、厦门、济南、西安、沈阳、大连、福州、南通、东莞、哈尔滨、长春、石家庄、佛山、南昌、昆明、合肥；三线城市（36个）：沧州、常德、西宁、包头、保定、常州、赣州、贵阳、海口、呼和浩特、惠州、嘉兴、兰州、廊坊、柳州、洛阳、南宁、泉州、三亚、绍兴、太原、泰州、唐山、温州、乌鲁木齐、芜湖、襄阳、徐州、烟台、盐城、扬州、宜昌、银川、漳州、中山、珠海；四线城市（74个）：安庆、安阳、鞍山、蚌埠、威海、承德、绵阳、大庆、阜阳、黄石、吉安、荆州、开封、南充、日照、六安、汕头、湛江、宁德、衢州、临沂、商丘、遂宁、太仓、湘潭、信阳、张家口、驻马店、达州、北海、滁州、鄂州、防城港、桂林、邯郸、衡水、衡阳、湖州、淮安、吉林、聊城、江门、金华、九江、昆山、连云港、泰安、眉山、马鞍山、泸州、自贡、乐山、南阳、秦皇岛、清远、茂名、上饶、梅州、淄博、济宁、潍坊、西双版纳、咸阳、新乡、邢台、宿迁、韶关、阳江、张家港、肇庆、镇江、株洲、滨州、遵义。本城市分类仅为房地产市场分类需要，不作为城市评价之依据，亦不覆盖全部地级及以上城市。

二 因城施策背景下的城市房价涨跌预警

在因城施策的政策背景下，各城市房地产市场的差异化将成为常态。新冠肺炎疫情的出现，加速了房地产市场大分化时代的来临。市场差异化有利于避免房地产市场系统性风险的发生。在大分化时代，单纯宏观分析工具难以有效判断区域房地产市场走势，房价局部大涨大跌风险将成为防范房地产市场风险的重点。科学的投资及政策决策，还需要辅以城市房价预警预报系统作为参考。

（一）城市房价下跌监测预警

城市房价跌幅数据表明，房价只涨不跌的时代已经过去。局部房价下跌监测预警，将成为市场监测预警的重要方面。

1. 年度房价跌幅居前城市

受住房市场自身理性回归因素及疫情的冲击，部分城市2020年度房价出现一定程度的下跌。

据纬房指数同比监测，从2019年10月到2020年10月，肇庆（跌9.05%）、廊坊（跌8.79%）、西双版纳（跌8.41%）、遵义（跌8.08%）、北海（跌7.09%）、保定（跌6.47%）、淄博（跌6.26%）、防城港（跌5.72%）、济南（跌5.56%）、鄂州（跌

4.74%）等10个城市居样本城市年度跌幅前列（见图2-1）。除鄂州外，9城市年度跌幅均在5%以上，其中包含二线城市1个，三、四线城市8个。分区域看，包含北部湾城市2个，环京城市2个，大湾区城市1个，山东半岛城市2个、西南城市2个。

由于一定范围波动为市场常态，多数下跌城市房价变动仍属于稳中有降的范围。

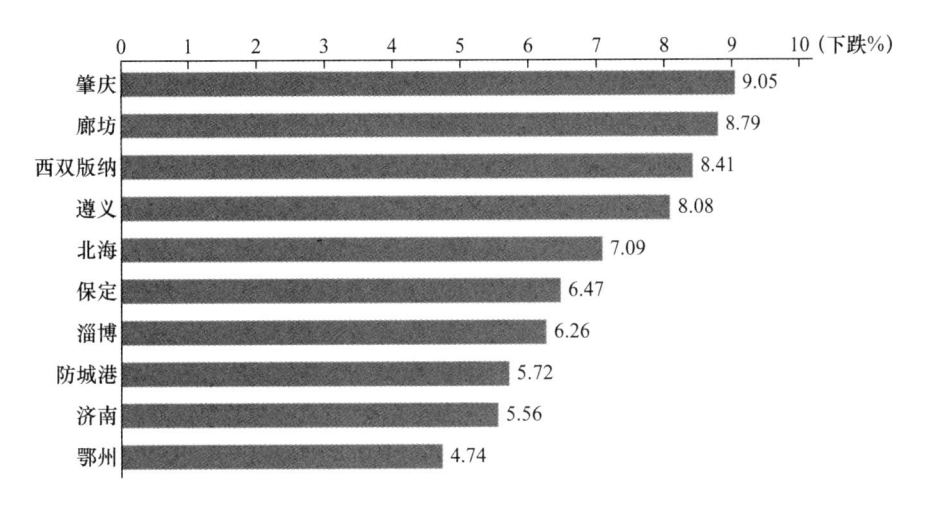

城市	下跌%
肇庆	9.05
廊坊	8.79
西双版纳	8.41
遵义	8.08
北海	7.09
保定	6.47
淄博	6.26
防城港	5.72
济南	5.56
鄂州	4.74

图2-1 年度房价跌幅

2. 距历史最高点房价调整幅度居前城市

年度房价下跌状况反映了短期房价走势。但受时间维度的限制，年度跌幅难以反映城市房价调整全貌。如果将时间维度拉长，可以发现，与历史高点相比，部分城市已经出现了较大幅度房价调整。

据纬房指数监测，从各城市历史高点至2020年10月，廊坊（跌46.9%）、青岛（跌22.8%）、天津（跌21.8%）、肇庆（跌19.3%）、石家庄（跌18%）、海口（跌17.8%）、济南（跌17.5%）、北京（跌15.8%）、西双版纳（跌15.4%）等9个城市居样本城市房价调整幅度前列。9城市距最高点房价调整幅度均在15%以上

（见图2-2），最高城市下调幅度达46.9%。调整幅度在15%以上9个城市中，包含一线城市1个，二线城市4个，三、四线城市4个。分区域看，包含京津冀城市4个，北部湾城市1个，大湾区城市1个，山东半岛城市2个，滇西城市1个。

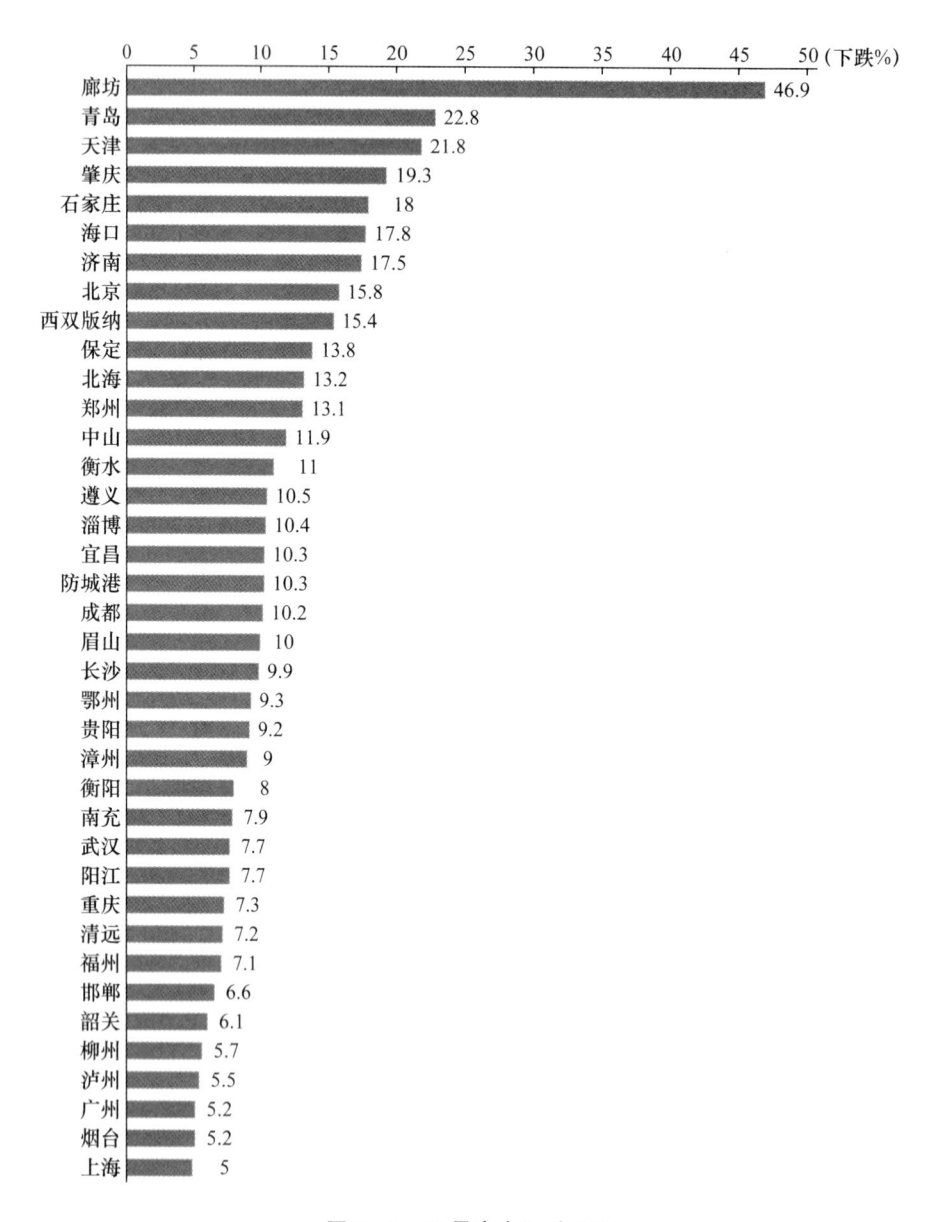

城市	下跌%
廊坊	46.9
青岛	22.8
天津	21.8
肇庆	19.3
石家庄	18
海口	17.8
济南	17.5
北京	15.8
西双版纳	15.4
保定	13.8
北海	13.2
郑州	13.1
中山	11.9
衡水	11
遵义	10.5
淄博	10.4
宜昌	10.3
防城港	10.3
成都	10.2
眉山	10
长沙	9.9
鄂州	9.3
贵阳	9.2
漳州	9
衡阳	8
南充	7.9
武汉	7.7
阳江	7.7
重庆	7.3
清远	7.2
福州	7.1
邯郸	6.6
韶关	6.1
柳州	5.7
泸州	5.5
广州	5.2
烟台	5.2
上海	5

图2-2 距最高点累计跌幅

20个城市距最高点房价调整幅度均在10%以上。包含京津冀城市6个，北部湾城市3个，山东半岛城市3个，大湾区城市2个，成渝城市群城市2个，中部城市2个，滇西城市1个，黔中城市1个。

其中廊坊房价距最高点接近腰斩，青岛、天津距最高点跌幅超过二成。考虑到这些城市在房价下跌前曾经有过快速上涨，其房价下跌属于理性回归的范围。

上海虽然房价近期有所上涨，但离最高点仍有5%的差距，还未创出新高。

房价最高点出现的时点。从各城市房价由涨转跌的时点看，上述城市房价阶段性拐点出现分别存在两类情形（见表2-1）。

一类是2017年上半年前后，代表城市是北京、天津、郑州、石家庄及环京城市，主要为2017年上半年一、二线城市房地产调控加码所引发，到目前已经调整了约3年半。

另一类是2018年下半年前后，以三、四线城市为主，主要为货币化棚改退潮所引发，到目前已经调整了约两年半。

从下跌时点看，上述城市在疫情开始前，房价就已经阶段性见顶。房价下跌不完全是受疫情冲击的影响。

表2-1　　　　　　　最高房价时点及跌幅分布情况

城市	距最高点涨跌%	最高房价时点
廊坊	-46.9	2017年4月
青岛	-22.8	2018年7月
天津	-21.8	2017年3月
肇庆	-19.3	2018年6月
石家庄	-18	2017年8月
海口	-17.8	2018年6月
济南	-17.5	2018年6月
北京	-15.8	2017年4月
西双版纳	-15.4	2018年9月
保定	-13.8	

续表

城市	距最高点涨跌%	最高房价时点
北海	-13.2	2018年10月
郑州	-13.1	2017年8月
中山	-11.9	2018年8月

基础数据：纬房大数据库（小程序"纬房大数据"）。

数据分析：纬房指数研究小组。

3. 基于人工智能模型的一、二线城市房价异常下跌预警

虽然平稳运行为房地产政策的重要目标，但一定范围的波动也是市场运行的常态。房价下跌的原因较为复杂，既可能有宏观大环境因素，也可能有城市自身供给过剩的原因。

为更准确识别房价异常涨跌情况，进而给出科学预警信号，本章基于房价空间传导机制、区域房价相互作用机制和人工智能模型算法，对一、二线城市房价下跌情形进行识别。

根据房价异常下跌程度测算结果显示，青岛、郑州、天津、济南房价可能存在一定异常下跌情形，其房价偏离短期正常房价的比率分别为 -4.91%、-3.94%、-3.30%、-2.76%，居各城市前列（见表2-2）。分区域看，其中包含环渤海城市3个，中部城市1个。

表2-2　　　　　　房价异常下跌程度居前城市

城市	8月偏离正常房价比率	9月偏离正常房价比率	10月偏离正常房价比率	8—10月平均偏离正常房价比率
青岛	-3.78%	-5.3%	-5.65%	-4.91%
郑州	-3.57%	-3.73%	-4.51%	-3.94%
天津	-2.02%	-3.02%	-4.87%	-3.30%
济南	-2.43%	-2.75%	-3.09%	-2.76%

注：偏离正常房价比率 =（实际房价 - 短期正常房价）/实际房价 ×100%，其中短期正常房价由人工智能模型计算。

基础数据：纬房大数据库。

数据分析：纬房指数研究小组。

(二) 城市房价上涨监测预警

1. 年度涨幅居前城市

2020年，尽管受到疫情的冲击，在部分城市房价下跌同时，仍有部分城市房价出现较快上涨。据纬房指数同比监测，从2019年10月到2020年10月，东莞（30.29%）、深圳（22.38%）、宁波（17.28%）、淮安（16.12%）、盐城（14.53%）等9城市居样本城市年度涨幅前列，年涨幅在10%以上。其中包含一线城市1个，二线城市3个，三、四线城市5个。分区域看，包含大湾区城市2个，京津冀城市1个，长三角城市3个，西北城市1个，苏北城市3个（见图2-3）。

城市	涨幅(%)
东莞	30.29
深圳	22.38
宁波	17.28
淮安	16.12
盐城	14.53
宿迁	14.43
南通	12.61
银川	11.03
唐山	10.16
无锡	9.49

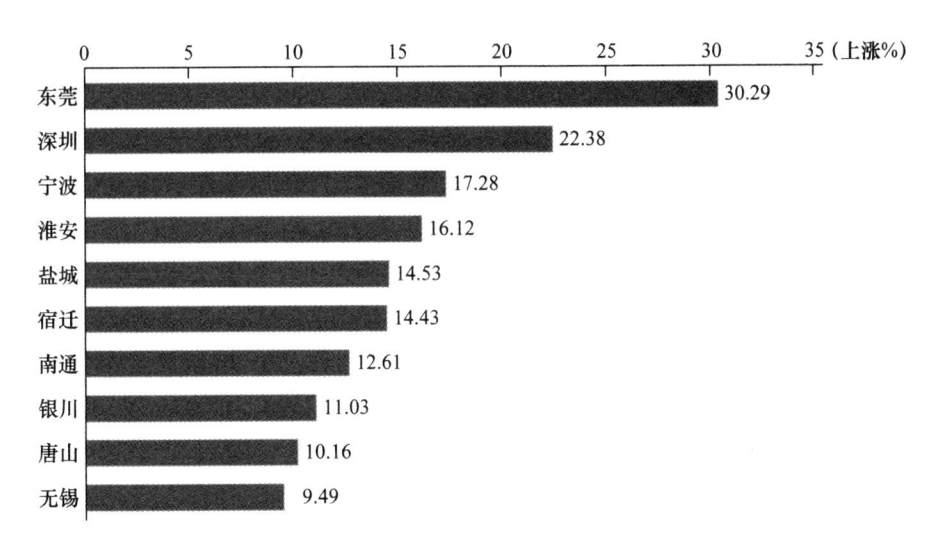

图2-3 年度房价涨幅

这些城市中，有些城市2016年以来已经历过一波上涨，目前出现第二波上涨。有些城市仍属于2016年以来第一波上涨的余波或补涨。

2. 房价超越前期高点城市

城市房地产市场分化较为严重，在廊坊等城市房价距最高点腰斩的同时，纬房指数显示，样本城市中，另有深圳、合肥、东莞、无锡、大连、宁波、常州、惠州、徐州、昆山、潍坊、泉州、金华、银川、唐山、泰州、兰州、温州、九江、淮安、汕头、临沂、盐城、咸阳、连云港、南阳、绍兴、马鞍山、湖州、上饶30个城市房价可能已超过2018年1月以来的高点。

其中包含一线城市1个，二线城市5个，三、四线城市24个。

同样，上述城市中，有些城市出现2016年以来第二波上涨，有些城市仍属于第一波上涨的余波或补涨。

3. 基于人工智能模型的一、二线城市房价异常上涨预警

房价上涨的原因同样较为复杂，既可能有宏观大环境因素，也可能有城市自身供给不足的原因，还有可能是城市经济基本面出现了重大利好。另外还有一种相对较快上涨的情况难以被直接识别，如相关联的同类城市房价均较快下跌，但该城市房价微涨。

为更准确识别房价异常涨跌情况，进而给出科学预警信号，本章基于房价空间传导机制、区域房价相互作用机制和人工智能模型算法，对一、二线城市房价上涨情形进行识别。

结果发现，深圳、东莞、宁波、昆明等城市可能存在异常上涨。房价异常上涨程度测算显示，深圳、东莞、宁波、昆明其房价偏离短期正常房价的比率分别为20.26%、11.08%、8.59%、7.42%，居于各城市前列，可能存在异常上涨。其中包括一线城市1个，二线城市3个。分区域看，包含大湾区城市2个，长三角城市1个，西南城市1个（见表2-3）。

11个一、二线城市房价偏离短期正常房价在3%以上（见

表2-3），这些城市可能存在程度不等的异常上涨情形（包含相对异常上涨）。其中包含长三角城市5个，大湾区城市2个，西南城市2个，西北城市1个，海峡西岸城市1个。对这些城市房价上涨状况有必要加以更多关注，必要时预先采取合理措施。

表2-3　　　　　　房价异常上涨程度居前城市

城市	8月偏离正常房价比率	9月偏离正常房价比率	10月偏离正常房价比率	8—10月平均偏离正常房价比率
深圳	17.71%	20.47%	22.6%	20.26%
东莞	8.77%	11.69%	12.78%	11.08%
宁波	6.43%	9.18%	10.15%	8.59%
昆明	4.82%	8.54%	8.91%	7.42%
西安	1.88%	6.29%	8.11%	5.43%
南通	4.83%	5.65%	4.99%	5.16%
重庆	0.73%	6.25%	8.48%	5.15%
上海	2.39%	4.37%	5.5%	4.09%
无锡	3.09%	3.89%	4.19%	3.72%
厦门	1.31%	4.06%	4.7%	3.36%
南京	2.35%	3.35%	3.83%	3.18%

注：偏离正常房价比率=（实际房价-短期正常房价）/实际房价×100%，其中短期正常房价由人工智能模型计算。

基础数据：纬房大数据库（小程序"纬房大数据"）。

数据分析：纬房指数研究小组。

人工智能模型识别显示，作为长三角中心城市的上海房价偏离短期正常房价的比率为4.09%，虽然房价尚未创出新高，但也可能存在一定异常上涨风险。

三 基于消费者视角的房地产企业品牌价值测度

（一）研究的背景与意义

长期以来，关于房地产企业品牌价值的测评研究多从生产者视角出发，往往注重企业规模而不注重企业产品品质。这使得部分房地产企业从战略上偏重于扩大销售规模或持有土地规模，而并不注重产品品质的改进，房地产领域成为消费者权益纠纷高发领域。另外，部分专注于提升住房品质的优秀企业，社会认知程度却相对不足。

实际上，包含物业和售后服务在内的产品品质才是企业品牌的核心所在。住房一旦建成将长期存在于城市之中，住房品质问题是关系到民生质量和城市百年品质的重大问题。如果品质低劣住房大量存在，将是城市未来发展的重大隐忧。

为鼓励大国工匠精神，激励房地产企业更加注重产品品质，促进房地产企业持续改进售后及物业服务，服务于城市百年发展，本章从住房消费者市场评价出发，基于存量房市场交易大数据，以存量房的品牌溢价率为基本指标，测度了各大房地产企业品牌在存量房市场上的真实价值。

（二）方法与数据

本章计算基础数据为2017年1月至今各大城市共1803907条存量房交易记录。

品牌企业分析样本为从全国各大房地产企业中，选出近三年房地产百强企业（共137个）。为提升准确度，在TOP50排序时，进一步剔除了个别项目记录数、交易记录数低于门槛值的样本企业及存在较大经营风险的样本企业。

品牌价值测度指标为存量房市场的企业品牌溢价率。即存量房交易市场上，通过模型同质化处理，在消除地段、户型、装饰、折旧、面积等各类住房基本特征及市场房价涨跌影响后，获得的仅由企业品牌所带来的存量房溢价。

由于存量房出售方为个人房主，不再直接受企业营销、宣传因素的干扰，也较少受开发企业资金链状况直接影响，其品牌溢价高低更能反映企业品牌的真实价值。存量房市场的企业品牌溢价率也相当于存量房市场上卖家和买家对房地产品牌的共同货币投票。

（三）分析结果

在基于消费者视角的大数据分析的基础上，本章对企业品牌价值做了更科学合理的排序，最后列出品牌价值TOP50房地产企业作为市场参考（见表3-1）。

表3-1　2020房地产企业品牌价值TOP50
——基于消费者视角的大数据分析

企业名称	总部/办公所在城市	公司/品牌简称	平均品牌溢价率	品牌价值排名
仁恒置地集团有限公司	新加坡	仁恒	22.69%	1

续表

企业名称	总部/办公所在城市	公司/品牌简称	平均品牌溢价率	品牌价值排名
正荣地产集团有限公司	上海	正荣	18.10%	2
宋都基业投资股份有限公司	杭州	宋都	17.48%	3
朗诗绿色集团有限公司	南京	朗诗	16.40%	4
银城地产集团股份有限公司	南京	银城	15.72%	5
华润置地有限公司	香港	华润	14.35%	6
融汇集团	香港	融汇	14.32%	7
桂林彰泰实业集团有限公司	桂林	彰泰	13.55%	8
广州宏富房地产有限公司	广州	星河湾	13.26%	9
珠海华发实业股份有限公司	珠海	华发	12.61%	10
德信中国控股有限公司	杭州	德信	12.31%	11
上海中梁地产集团有限公司	上海	中梁	12.29%	12
万科企业股份有限公司	深圳	万科	12.29%	13
龙湖集团控股有限公司	北京	龙湖	11.77%	14
保利发展控股集团股份有限公司	广州	保利	11.28%	15
四川蓝光发展股份有限公司	成都	蓝光	11.24%	16
大悦城控股集团股份有限公司	深圳	大悦城/中粮	11.22%	17
时代中国控股有限公司	广州	时代中国	11.07%	18
雅居乐集团控股有限公司	广州	雅居乐	10.83%	19
中国海外发展有限公司	香港	中海	10.33%	20
招商局蛇口工业区控股股份有限公司	深圳	招商蛇口/招商地产	10.01%	21
阳光100中国控股有限公司	北京	阳光100	9.20%	22
华夏幸福基业股份有限公司	北京	华夏幸福	9.05%	23
联发集团有限公司	厦门	联发	8.56%	24
龙光集团有限公司	深圳	龙光	8.31%	25
佳兆业集团控股有限公司	香港	佳兆业	8.26%	26
金地（集团）股份有限公司	深圳	金地	8.24%	27
融创中国控股有限公司	北京/天津	融创	8.10%	28

续表

企业名称	总部/办公所在城市	公司/品牌简称	平均品牌溢价率	品牌价值排名
阳光城集团股份有限公司	福州	阳光城	7.87%	29
深圳市中洲投资控股股份有限公司	深圳	中洲	7.59%	30
鲁能集团有限公司	北京	鲁能	7.32%	31
金科地产集团股份有限公司	重庆	金科	7.26%	32
北京鸿坤伟业房地产开发有限公司	北京	鸿坤	7.19%	33
金辉集团股份有限公司	北京	金辉	7.17%	34
景瑞地产（集团）有限公司	上海	景瑞	7.11%	35
上海爱家投资（集团）有限公司	上海	爱家	6.48%	36
星河控股集团有限公司	深圳	星河	6.40%	37
世茂房地产控股有限公司	香港/上海	世茂	6.05%	38
中国恒大集团	深圳	恒大	5.88%	39
泰禾集团股份有限公司	北京/福州	泰禾	5.71%	40
上海实业城市开发集团有限公司	上海	上实城开	5.59%	41
重庆市迪马实业股份有限公司	上海	东原	5.41%	42
合景泰富集团控股有限公司	广州	合景泰富	5.05%	43
荣盛房地产发展股份有限公司	廊坊	荣盛	5.05%	44
中国葛洲坝集团股份有限公司	武汉/北京	葛洲坝	4.87%	45
绿城中国控股有限公司	杭州	绿城	4.86%	46
杭州滨江房产集团股份有限公司	杭州	滨江	4.69%	47
国瑞置业有限公司	北京	国瑞置业	4.29%	48
杭州市城建开发集团有限公司	杭州	大家	4.12%	49

续表

企业名称	总部/办公所在城市	公司/品牌简称	平均品牌溢价率	品牌价值排名
苏宁环球股份有限公司	南京	苏宁环球	4.07%	50
TOP10 平均品牌溢价率			15.8%	
TOP30 平均品牌溢价率			12%	
TOP50 平均品牌溢价率			9.5%	

基础数据：纬房大数据库。

数据分析：中国社会科学院财经战略研究院住房大数据项目组，纬房研究院。

通过基于 Hedonic 模型的百万级大数据计算发现，仁恒置地集团有限公司、正荣地产集团有限公司、宋都基业投资股份有限公司等 50 个房地产企业位居企业品牌价值 TOP50。

从表 3-1 计算结果看，在存量房市场上，品牌价值 TOP10 房企的平均品牌溢价率为 15.8%，其中第 1 位的房地产企业平均品牌溢价率为 22.69%，第 10 位房地产企业平均品牌溢价率为 12.61%，表明品牌价值 TOP10 房企的产品品质及消费者市场认可度要大大高于社会一般水平。

在存量房市场上，品牌价值 TOP30 房企平均品牌溢价率为 12%，表明品牌价值 TOP30 企业的产品品质和消费者市场认可度要显著高于社会一般水平。

在存量房市场上，品牌价值 TOP50 房企的平均品牌溢价率为 9.5%，最低平均品牌溢价率为 4.07%，表明 TOP50 房企的平均产品品质和消费者市场认可度高于社会一般水平，存量房市场存在品牌价值。

计算结果还发现，在存量房市场上，137 个近三年的房地产百强企业中，有 28 个百强房企存在品牌负溢价，表明部分百强房企产品品质和消费者市场认可度甚至要低于小房地产企业一般水平，具有较大的品质改进空间。

除了增进房地产领域的大国工匠精神外，基于存量房市场品牌溢价率的企业品牌价值测度，既能为消费者购房决策提供参考，也可以为企业品牌战略决策提供依据，还可以作为存量房估价的重要参照系。

四　中国城市住房公积金发展质量总体评估（2020）

（一）导言

住房公积金制度是我国住房金融制度的重要组成部分，也是我国住房制度的一个关键要素，自1994年《国务院关于深化城镇住房制度改革的决定》（国发〔1994〕43号）在全国推广以来，一直在解决我国城镇居民的"住有所居"和"住有宜居"方面发挥着重要和积极的作用。但我国的住房公积金实行属地化管理的运行模式，由于区域之间在经济发展和住房市场的活跃程度上存在较大差异，也由于住房公积金制度的贯彻落实情况不同，各地住房公积金的发展并不均衡。但之前对我国城市层面住房公积金发展情况的系统性分析报告较少。[①]

住房公积金的缴存与缴存者工资挂钩，其余额是缴存者的家庭金融资产组成部分，一个城市的缴存者人均缴存额及余额与该城市的职工工资水平高度相关。同时，一个城市住房公积

[①] 燕山大学住房公积金研究中心自2014年开始，每年对全国住房公积金发展指标进行评价。参见燕山大学（中国）房地产金融与住房公积金研究中心《2014全国住房公积金发展评价报告》，燕山大学新闻网（https://news.ysu.edu.cn/info/1004/11375.htm）。2020年11月3日，燕山大学住房公积金研究中心联合公积金信息化（西安）研究中心推出了2019年评价结果，在"住房公积金论坛"微信公众号上进行了发布。

金制度覆盖面和缴存者组成体现该城市的就业结构特征。此外，一个城市住房公积金资金池的规模、结构、增长及提取和贷款利用等情况，作为"晴雨表""温度计""风向标"，反映其住房市场的发展情况和活跃程度，对判断该城市的住房市场运行情况及未来趋势有重要的参考价值。

本书的合作团队之前基于全国341个市（地、州、盟）住房公积金管理中心在网络上公开发布的2019年年报中的相关数据，运用包括六大维度的指数体系，编制了《中国城市住房公积金高质量发展指数2020》。在这份指数结果的基础上，本章进一步对我国城市层面住房公积金的发展状况进行了更加深入的全景式数据分析，特别是从发展规模、发展增速、发展结构、资金利用率、资金效益和资金安全六个维度进行了全面的梳理和评价。

本章有助于更加全面地了解住房公积金在区域层面的发展特征和城市层面的发展动态，可为城市层面住房公积金的发展质量提升提供基础数据的参考，同时也可以给城市层面的住房市场包括租赁住房市场的发展态势，以及城市住房供需情况分析，提供判断依据。

本章主要依据《中国城市住房公积金高质量发展指数2020》（以下简称《指数》或《指数报告》）的排名结果对各城市的住房公积金发展质量进行评估。该《指数》的指标体系、数据来源与构建过程参见本书第五章的附录。《指数报告》中给出了完整的城市总排名及分项、分规模的城市排名，限于篇幅，在本书中不做完整引用，仅基于部分榜单进行点评讨论。

（二）中国住房公积金的基本制度框架

《住房公积金管理条例》（以下简称《条例》）是我国住房公积金制度的"基本宪法"，规范了制度的基本框架和运作原则。依据该《条例》（2002年版，2019年略有修订），国务院建设行政主管部门会同国务院财政部门、中国人民银行拟定住房公积金政策，并监督执行。《条例》同时规定，住房公积金实施"管委会决策、管理中心运作、银行专户存储、财政监督"的管理模式。这个模式可以概括为：住房公积金管理委员会是住房公积金管理的决策机构，住房公积金管理中心作为执行机构负责住房公积金的管理运作，资金的存贷业务和结算等金融业务委托给指定的商业银行代理，地方政府财政部门对本行政区域内住房公积金的归集、提取和使用情况实施监督。

住房公积金的运营模式可以概括为：住房公积金的资金本金来源于住房公积金的缴存者，即缴存公积金的单位职工。住房公积金的资金本金由当地公积金管理中心依据《条例》的赋权进行管理和运作，管理中心负责公积金资金的保值和归还。公积金资金在资金运作过程中产生增值收益，即业务收入与业务支出的差额。住房公积金的业务收入是指利息收入、增值收益利息收入、委托贷款利息收入和国家债券利息收入。住房公积金的业务支出包括支付职工个人住房公积金的存款利息，支付住房公积金的归集手续费，支付委托贷款手续费。

（三）中国住房公积金的属地化管理体系

我国住房公积金实行设区市（地、州、盟）属地化管理模式。根据《条例》的规定，直辖市和省、自治区人民政府所在地的市以及其他设区的市（地、州、盟）应当按照精简、效能的原则，设立一个住房公积金管理中心，负责住房公积金的管理运作。县（市）不设立住房公积金管理中心。住房公积金管理中心可以在有条件的县（市）设立分支机构。住房公积金管理中心与其分支机构应当实行统一的规章制度，进行统一核算。

《条例》还规定，住房公积金管理中心是直属城市人民政府的不以营利为目的的独立的事业单位。

《条例》同时规定，省、自治区人民政府建设行政主管部门会同同级财政部门以及中国人民银行分支机构，负责本行政区域内住房公积金管理法规、政策执行情况的监督。2019年末，国家、省两级住房公积金专职监管人员共137人。

2019年，全国共设有341个住房公积金管理中心。未纳入设区城市统一管理的分支机构139个，其中，省直分支机构24个，石油、电力、煤炭等企业分支机构71个，区县分支机构44个。全国住房公积金服务网点3350个。全国住房公积金从业人员4.42万人，其中：在编2.67万人，非在编1.75万人。

（四）中国城市住房公积金高质量发展指数2020榜单总列

六星级（原始得分在70以上）：第1名

五星级（原始得分在55—69.99之间）：第2—43名

四星级（原始得分在50—54.99之间）：第44—110名

三星级（原始得分在45—49.99之间）：第111—217名

二星级（原始得分在40—44.99之间）：第218—293名

一星级（原始得分在40分以下）：第294—341名

其中，海南省设立海南省住房公积金管理局，城市层面的住房公积金管理活动归集到省级层面进行统计。新疆生产建设兵团独立进行住房公积金的归集与运用。

《中国城市住房公积金高质量发展指数2020》评出，上海市、深圳市、杭州市、南京市、北京市、无锡市、温州市、宁波市、大连市、南通市排名前十（见图4-1）。

表 4-1　　2020 年中国城市住房公积金高质量发展指数前 50 名和后 50 名的城市

排名	城市	得分	排名	城市	得分
1	上海市	70.75	292	娄底市	40.22
2	深圳市	68.05	293	漯河市	40.17
3	杭州市	67.92	294	河源市	39.98
4	南京市	67.14	295	吐鲁番市	39.88
5	北京市	66.33	296	邢台市	39.85
6	无锡市	66.20	297	巴音郭楞蒙古族自治州	39.81
7	温州市	64.01	298	商洛市	39.70
8	宁波市	63.02	299	南阳市	39.68
9	大连市	62.66	300	周口市	39.64
10	南通市	62.63	301	庆阳市	39.42
11	东莞市	61.61	302	天门市	39.40
12	金华市	61.44	303	揭阳市	39.39
13	广州市	61.14	304	定西市	39.13
14	苏州市	60.83	305	克孜勒苏柯尔克孜自治州	39.08
15	沈阳市	60.74	306	石嘴山市	39.01
16	天津市	60.36	307	汕尾市	39.00
17	嘉兴市	60.27	308	白银市	38.97
18	台州市	59.82	309	榆林市	38.90
19	常州市	59.15	310	开封市	38.89
20	绍兴市	58.99	311	中卫市	38.68
21	珠海市	58.71	312	鸡西市	38.46
22	福州市	58.67	313	怒江傈僳族自治州	38.26
23	成都市	58.52	314	鹤岗市	38.19
24	重庆市	58.29	315	安康市	38.14
25	厦门市	58.01	316	济源市	37.74
26	合肥市	57.80	317	黑河市	37.62
27	海口市	57.77	318	乌海市	37.38
28	扬州市	57.75	319	铜川市	37.36
29	武汉市	57.64	320	七台河市	37.35

续表

排名	城市	得分	排名	城市	得分
30	青岛市	57.55	321	迪庆藏族自治州	36.94
31	连云港市	57.43	322	拉萨市	36.87
32	南昌市	57.37	323	平凉市	36.67
33	湖州市	57.19	324	张家口市	36.40
34	乌鲁木齐	57.14	325	景德镇市	36.16
35	三明市	56.90	326	山南市	36.14
36	丽水市	56.37	327	白城市	35.11
37	宿迁市	56.16	328	临夏回族自治州	35.01
38	宜宾市	56.11	329	延安市	34.73
39	衢州市	56.02	330	双鸭山市	34.52
40	鄂尔多斯市	55.85	331	昌都市	33.76
41	长春市	55.67	332	盘锦市	33.40
42	西宁市	55.64	333	伊春市	33.09
43	洛阳市	55.18	334	阜新市	32.80
44	中山市	54.85	335	神农架林区	32.28
45	昆明市	54.85	336	阳泉市	32.14
46	保山市	54.84	337	阿里地区	32.12
47	佛山市	54.56	338	绥化市	31.64
48	攀枝花市	54.34	339	那曲地区	30.96
49	泉州市	54.25	340	金昌市	29.52
50	西安市	54.06	341	日喀则市	27.18

在这个总榜单上，排名靠前的都是大中城市，这点并不意外，也符合人们的直觉预期。大城市的住房公积金不仅发展规模大，发展增速不低，往往管理水平较好，发展结构、资金利用率、资金效益和资金安全等指标都表现不错。

排名第1的上海，众所周知，是中国住房公积金制度的发源地，起步最早，实缴职工人数规模最多，管理水平也很高。在2020年中国城市住房公积金高质量发展指数中，上海的发展规模排名第1、资金效益排名第5、发展结构排名第5，资金安全排名第18，表现都十分突出。虽然上海的发展增速排名只在第98位，资金利用率更只排在第165位，显示存在部分维度上的短板，影响了总得分，但几个强项的综合性优势，仍然保证其高居全国城市第1，并成为唯一得分超过70的"六星级"城市。

相对而言，深圳排名第2，可能会出乎不少人的意料。因为相比大多数大城市早在20世纪90年代后期就在"体制内"单位体系基本普及了住房公积金制度，深圳是在2010年才正式面向全体市民推广住房公积金。深圳市的住房公积金管理中心直到2010年10月29日才正式挂牌，《深圳市住房公积金管理暂行办法》（深府〔2010〕176号）自2010年12月20日才开始实施。

深圳住房公积金虽然起步较晚，却发展迅速。在2020年的城市住房公积金高质量发展指数中，深圳在各个一级指标都表现很优秀，且显示十分均衡的发展态势。具体来说，深圳不仅发展规模排名第5（其中实缴职工人数排在第3，仅次于上海和北京），资金安全排名第40，发展增速排名第42，更是在发展结构指标上独占鳌头，排名第1，显示了非常良好的制度覆盖率、渗透率和普惠性。

高质量发展指数对"发展结构"一级指标设置了20分的分值，深圳市在这个指标上拿到了19.10分，得分率达到85%，显示在这个一级指标下的各个二级指标都表现十分优异，都处于全国最前列。深圳总得分68.05分，"发展结构"这个指标就贡献了28%的得分，可见深圳的住房公积金发展质量获评第2主要是以结构取胜，而非规模取胜。

排名第3的杭州，总得分与深圳十分接近，只差0.13。2020年城市住房公积金高质量发展指数，杭州发展结构排名第3，发展规模排名第4，发展增速排名第16，资金利用率排名第53，资金安全排名第54，这些指标都表现优异或很不错，但资金效益排在第177，低于平均水平，在该指标上产生了一些失分，但总体排名还是很高。

排名第 4 的南京市，可能也有些让人意外。2020 年城市住房公积金高质量发展指数，南京发展结构排名第 7，发展规模排名第 9，发展增速排名第 44。表现都不错，资金利用率排名第 56，不算特别突出。不过相对短板的资金安全排名在第 67，资金效益排名在第 59，也没有拉后腿太多，全部指标全都进入前 20%，总体均衡，为此总排名排到了第 4 的高位。

北京发展规模排名第 2（其中缴存金额排名第 1，实缴职工人数排名第 2），总得分排在第 5，有些让人意外。尽管北京的发展结构排名第 4，资金效益的排名第 22，表现都很不错，但资金安全排名第 103，资金利用率排名第 140，发展增速排名第 150，只处于中等偏上水平，导致总得分不是最高。

排名第 6 的是无锡，排名第 7 的是温州，排名第 8 的是宁波。这三个城市的特点是，发展规模都比较大（如无锡、温州和宁波的发展规模分别排名第 12、第 33 和第 15），同时发展结构和发展增速都表现比较优异，直接带来了很高的总分。

排在第 9 的是大连市，第 10 是南通市，第 11 是东莞市，第 12 是金华市。这四个城市的特点是，发展规模都不算很大，但也比较靠前。同时这四个城市的发展结构得分都很高，其他方面也没有特别明显短板，导致总分较高。特别值得一提的是，金华市发展规模只排在第 61，但资金安全得分排名第 10，发展结构得分排名第 30，资金效益得分排名第 46，因而排名十分靠前。

广州发展规模排名第 3（其中缴存金额第 3、实缴职工数第 4），但总排名只有第 13，也是相当让人意外。分析原因，主要是广州除了发展规模排名第 3，发展结构排名第 19，其他指标都不算前列，其余指标中最高的是发展增速，也只排在第 55，导致总分没有进入前十。

发展规模在前 11 的其他城市，总排名全都进入前 30。如发展规模排名第6（实缴职工数第8）的天津，总排名第16；发展规模排名第7（实缴职工数第5）的苏州，总排名第14；发展规模排名第8（实缴职工数第6）的成都，总排名第23；发展规模第10（实缴职工数第11）的武汉，总排名第29；发展规模第11（实缴职工数第9）的重庆，总排名第24。这不难理解，住房公积金发展规模大的城市，管理水平都比较高，发展效益和资金安全都不会很差；同时，大城市吸引人口多，发展增速也不会低，为此总得分不低。

不过，从总排名也能看出，由于指数设置的六大一级指标，考虑了六个不同的发展维度，一个城市的住房公积金发展能同时兼顾到这六个维度，殊为不易。在经过这六个维度的加权得分后，还能得到高分的城市，确实在发展住房公积金方面做出了很高质量的工作。

（五）中国城市住房公积金高质量发展指数2020榜单分列

考虑到指数体系中仍然可能给了大城市过多优势，在相关专家的建议之下，指数课题组区分不同规模城市进行分别排名。

以实缴职工数为基准，把城市划分为大城市（前25%）、中等城市（中间50%）和小城市（后25%）这三组，在此处分别列出每个组别的前50名（见表4-2）。

表4-2　　　　2020年中国城市住房公积金高质量
发展指数前50名（按城市规模分列）

组内排名	城市规模分组					
	大城市组	总排名	中等城市组	总排名	小城市组	总排名
1	上海市	1	三明市	35	保山市	46
2	深圳市	2	丽水市	36	北海市	55

续表

组内排名	城市规模分组					
	大城市组	总排名	中等城市组	总排名	小城市组	总排名
3	杭州市	3	宿迁市	37	鄂州市	64
4	南京市	4	宜宾市	38	阿坝藏族羌族自治州	75
5	北京市	5	衢州市	39	池州市	78
6	无锡市	6	鄂尔多斯市	40	雅安市	81
7	温州市	7	攀枝花市	48	贺州市	88
8	宁波市	8	延边朝鲜族自治州	56	玉树藏族自治州	109
9	大连市	9	包头市	57	阿勒泰地区	110
10	南通市	10	黄石市	58	资阳市	113
11	东莞市	11	新疆生产建设兵团	60	新余市	123
12	金华市	12	龙岩市	62	武威市	125
13	广州市	13	漳州市	65	大兴安岭地区	129
14	苏州市	14	宁德市	66	黄山市	137
15	沈阳市	15	淮北市	67	博尔塔拉蒙古自治州	144
16	天津市	16	凉山彝族自治州	70	临沧市	146
17	嘉兴市	17	安庆市	71	酒泉市	153
18	台州市	18	绵阳市	73	海北藏族自治州	159
19	常州市	19	渭南市	74	萍乡市	176
20	绍兴市	20	玉林市	76	随州市	183
21	珠海市	21	亳州市	77	海西蒙古族藏族自治州	190
22	福州市	22	钦州市	80	来宾市	192
23	成都市	23	淮南市	83	西双版纳傣族自治州	199
24	重庆市	24	阜阳市	86	海东市	201
25	厦门市	25	巴彦淖尔市	87	普洱市	202
26	合肥市	26	舟山市	89	果洛藏族自治州	203

续表

组内排名	城市规模分组					
	大城市组	总排名	中等城市组	总排名	小城市组	总排名
27	海口市	27	清远市	90	黄南藏族自治州	204
28	扬州市	28	忻州市	92	塔城地区	208
29	武汉市	29	滨州市	93	哈密市	209
30	青岛市	30	昌吉回族自治州	94	海南州	211
31	连云港市	31	伊犁哈萨克族自治州	95	陇南市	212
32	南昌市	32	宿州市	96	锡林郭勒盟	216
33	湖州市	33	毕节市	97	朔州市	223
34	乌鲁木齐	34	克拉玛依	98	甘孜藏族自治州	225
35	长春市	41	南充市	99	鹰潭市	227
36	西宁市	42	南平市	100	固原市	231
37	洛阳市	43	吕梁市	102	阿拉善盟	235
38	中山市	44	河池市	103	杨凌区	237
39	昆明市	45	菏泽市	104	潜江市	243
40	佛山市	47	红河哈尼族彝族自治州	106	楚雄州	244
41	泉州市	49	吉安市	111	白山市	246
42	西安市	50	和田地区	112	崇左市	247
43	呼和浩特市	51	新乡市	114	兴安盟	252
44	大庆市	52	辽阳市	115	甘南藏族自治州	253
45	济南市	53	贵港市	118	辽源市	258
46	泰州市	54	锦州市	119	仙桃市	260
47	盐城市	59	铜仁市	120	潮州市	268
48	长沙市	61	牡丹江市	121	防城港市	270
49	郑州市	63	宣城市	122	林芝市	279
50	惠州市	68	黔南布依族苗族自治州	126	丽江市	281

注：以2019年实缴职工数为基准，把市（地、州、盟）划分为大城市（前25%）、中等城市（中间50%）和小城市（后25%）这三组。

从表4-2中可以看到，总排名前35名都是实缴职工数居前1/4的大城市，只有第35名是来自"中等城市"、2019年实缴职工数只有25万人、该项排名第132位的三明市。分析三明市各项一级指标，发现主要是其资金安全指标得分很高，达到了第6位，有力地拉高了总分；另外，其发展结构得分也达到了第63位，对提高总分也做出了重要贡献。总排名比较高的"中等城市"还有丽水市、宿迁市、宜宾市、衢州市、鄂尔多斯市、攀枝花市，都进入了前50名。

在总排名中排位最高的实缴职工数居后1/4的"小城市"，是保山市，总排名第46。保山市在2019年实缴职工数只有11.75万人，排名第257位。但保山市资金安全得分为第4，发展结构得分为第76，这两项上比较多的得分成就了其可以成为唯一进入前50的"小城市"。

表4-2只列出各城市组的前50名，会给人一种错觉，似乎所有的"大城市"排名都很高。但实际情况并非如此。如果查阅指数报告的完整版，就会发现，平顶山市、宜昌市、保定市、南阳市这些实缴职工规模相当高的城市，总排名都在第200之后，其中实缴职工数排名第45的保定，总排名只有第287。此外，一共有9个"大城市"的排名是在总排名的后半部分，有27个"大城市"的总排名在第100名之后，其中包括实缴职工数排名第26的哈尔滨市，总排名为第171。

这充分体现了，这个指数的指标体系，并不保证缴存规模大的城市一定排名在前列，还需基于各维度来综合进行评价。

五 中国城市住房公积金发展质量分项评估（2020）

以下按照发展规模、发展增速、发展结构、资金利用率、资金效益和资金安全这六大一级指标分别展开评估，也针对重要单项指标的排名进行讨论。

（一）城市住房公积金发展规模评估

指数报告对于城市住房公积金发展规模的评价指标包括缴存额、缴存单位、实缴职工、个贷笔数、个贷额和个贷市场占有率。

1. 城市住房公积金发展规模综合分析

从2020城市住房公积金高质量发展指数的发展规模指标排名来看，北京市、上海市、广州市、杭州市和深圳市分别位于前五位，在该指标的得分率超过了或接近80%，体现出了经济发达水平和人口规模在住房公积金发展规模指标上的绝对主导。从区域维度来看，发展规模指标排名前30的主要为东部发达城市和中西部省会城市，而排名后30名的主要为中西部地区经济欠发达、人口稀疏的城市（地、州、盟），东北地区一些城市，规模最小的是神农架林区和潜江市、杨凌区这样的特殊市、区（见表5-1）。

表 5-1　住房公积金发展规模排名前 30 名和后 30 名的城市

排名	城市	得分	排名	城市	得分
1	北京市	12.95	312	博尔塔拉蒙古自治州	3.77
2	上海市	12.71	313	景德镇市	3.76
3	广州市	12.09	314	嘉峪关市	3.76
4	杭州市	11.97	315	黄南藏族自治州	3.76
5	深圳市	11.96	316	拉萨市	3.76
6	天津市	11.83	317	海北藏族自治州	3.71
7	苏州市	11.69	318	新余市	3.69
8	成都市	11.64	319	铜川市	3.65
9	南京市	11.50	320	双鸭山市	3.65
10	武汉市	11.23	321	乌海市	3.59
11	重庆市	11.22	322	保山市	3.54
12	无锡市	11.09	323	鹰潭市	3.54
13	沈阳市	10.52	324	白山市	3.50
14	西安市	10.47	325	怒江傈僳族自治州	3.46
15	宁波市	10.21	326	辽源市	3.34
16	大连市	10.16	327	鄂州市	3.31
17	济南市	10.16	328	阿里地区	3.29
18	长沙市	9.97	329	中卫市	3.25
19	郑州市	9.90	330	果洛藏族自治州	3.21
20	青岛市	9.79	331	济源市	3.15
21	长春市	9.56	332	大兴安岭地区	2.98
22	哈尔滨市	9.55	333	防城港市	2.87
23	合肥市	9.48	334	金昌市	2.78
24	常州市	9.44	335	鹤岗市	2.45
25	东莞市	9.39	336	仙桃市	1.95
26	福州市	9.30	337	七台河市	1.87
27	厦门市	9.24	338	天门市	1.81
28	南通市	9.22	339	神农架林区	1.51
29	大庆市	9.19	340	潜江市	1.49
30	太原市	9.13	341	杨凌区	1.45

2. 城市住房公积金发展规模单项分析

从单个指标分析来看，缴存额、缴存单位、实缴职工等单项指标排在前列都是大城市，后列的都是边远地区的小城市，这在预期之中。但各个单项的城市排名有所不同，说明不同维度的规模指标在不同城市的分布存在差异性。

住房公积金缴存额可以直观反映一个城市的经济发达程度。

表5-2显示，2019年北京市在住房公积金归集方面遥遥领先，是唯一年缴存额超过2000亿元的城市，比第2名上海市高出了44%。但上海市又是北京之外唯一年归集超过1000亿元的城市，年缴存额达到了1533.57亿元。北京市和上海市，通过住房公积金缴存额这个指标，就充分显示了在全国城市中高出一截的经济总体实力。第3和第4是广州市和深圳市，年缴存额分别达到了851.06亿元和717.88亿元。前四名城市的排名，证明了四大"一线城市"，确实名不虚传。

但第5名的杭州市与深圳市差距不算大，显示了杭州市作为强势崛起的强准一线城市的经济地位。第6名的天津市、第7名的苏州市、第8名的成都市、第9名的南京市，也都与人们对其经济总体实力地位的排位印象基本吻合。

直辖市重庆市，在住房公积金缴存额榜单中只排在全国城市第10名，远低于其在全国城市中城乡总人口排名（第1名）和城镇常住人口排名（第3名），也远低于其2019年GDP的全国城市第5名，从一个侧面说明重庆市的发展经济效益还与经济发达城市有较大差距。

缴存额第6至第12名城市，缴存额在300亿—600亿元这个区间，这些城市也是我国目前公认的经济强二线城市，未来新的一线城市基本会从这些城市中产生。

缴存额排名前30的城市包括了多个中西部省会城市，如成都市、武汉市、西安市和昆明市等，排名还都比较靠前，说明中西部中心城市的经济实力不俗。

总结来看，缴存额排名前30的城市都是人口多、经济发达的一、二线城市，缴存额排名后30的城市（州），除了神农架林区和杨凌区这样的特殊市区，主要为经济欠发达、人口较少的中、西部城市（地、州），以及部分人口较少的东北城市，这也与预期一致。经济发达地区，城镇人口较多，职工收入水平也相对较高，因此住房公积金的参缴基数也较大，缴存额也就更高。住房公积金的缴存额水平一定程度上反映了城镇常住人口水平和职工收入水平。

表5-2　　　　住房公积金缴存额前30名和后30名城市　　　（单位：亿元）

排名	城市	缴存额	排名	城市	缴存额
1	北京市	2213.55	312	伊春市	10.01
2	上海市	1533.57	313	吐鲁番市	10.00
3	广州市	851.06	314	山南市	9.95
4	深圳市	717.88	315	嘉峪关市	9.67
5	杭州市	601.00	316	白城市	9.59
6	天津市	526.80	317	白山市	9.56
7	苏州市	518.34	318	中卫市	9.04
8	成都市	514.28	319	铜川市	8.94
9	南京市	468.73	320	辽源市	8.82
10	重庆市	429.50	321	迪庆藏族自治州	8.64
11	武汉市	426.38	322	石嘴山市	8.46
12	西安市	305.91	323	阿拉善盟	7.71
13	济南市	276.93	324	鹤岗市	7.70
14	沈阳市	274.68	325	七台河市	7.67
15	郑州市	271.60	326	济源市	7.62
16	宁波市	267.47	327	林芝市	7.50
17	长沙市	242.64	328	博尔塔拉蒙古自治州	7.03
18	青岛市	234.28	329	怒江傈僳族自治州	6.76
19	无锡市	225.08	330	仙桃市	6.59

续表

排名	城市	缴存额	排名	城市	缴存额
20	大连市	217.74	331	大兴安岭地区	6.29
21	合肥市	211.11	332	天门市	5.89
22	昆明市	203.43	333	潜江市	5.81
23	福州市	197.21	334	阿里地区	5.35
24	哈尔滨市	196.73	335	玉树藏族自治州	5.35
25	长春市	183.33	336	海南州	5.34
26	厦门市	168.75	337	海北藏族自治州	4.18
27	佛山市	155.09	338	黄南藏族自治州	3.74
28	南昌市	154.52	339	果洛藏族自治州	3.71
29	石家庄市	148.94	340	杨凌区	3.50
30	东莞市	145.71	341	神农架林区	2.00

住房公积金缴存单位数可以直观反映一个城市的正规化经济活跃程度。

2019年，住房公积金缴存单位指标前30名，虽然入榜城市名单与缴存额相似，但具体排名有很大的差别。上海市的缴存单位数排名第一，达到42.67万个，是第二名北京市的两倍还多，完全颠覆了两个城市在缴存额方面的情况对比。这个强烈反差中，蕴含很丰富的信息，说明上海市的住房公积金渗透率高，覆盖了远比北京多的中小微用人单位。同样，深圳市的缴存单位数也远超广州市，是广州市的1.7倍，说明深圳市住房公积金覆盖了更多的民营中小企业。

排名前30名的城市主要都是东部发达大城市，如苏州市、无锡市、东莞市和厦门市等。排名前30的城市也包括中西部省会城市，如成都市、武汉市、长沙市和贵阳市等。但值得注意的是，直辖市重庆市，在住房公积金缴存单位数方面只排在第15位，说明其公积金覆盖面在大城市中是比较窄的。

排名后30的城市主要为西部欠发达地区，以及个别人口稀缺的东北城市，这也与预期基本一致。经济发达的地区，就业人口多，且经济活动规范程度较高，参与公积金制度的实缴单位较多；而经济欠发达地区，就业人口少，经济活动规范程度也不高，导致公积金覆盖率也低，实缴单位少（见表5-3）。

表5-3　　　　　缴存单位前30名和后30名城市　　　　（单位：个）

排名	城市	缴存单位	排名	城市	缴存单位
1	上海市	426700	312	吐鲁番市	1139
2	北京市	206343	313	石嘴山市	1072
3	深圳市	178273	314	鄂州市	1036
4	广州市	105172	315	山南市	1021
5	苏州市	104381	316	博尔塔拉蒙古自治州	945
6	杭州市	100610	317	中卫市	938
7	天津市	70401	318	鹤岗市	934
8	无锡市	65622	319	拉萨市	922
9	成都市	64468	320	乌海市	905
10	南京市	58342	321	克孜勒苏柯尔克孜自治州	903
11	青岛市	51696	322	七台河市	898
12	东莞市	47559	323	迪庆藏族自治州	872
13	厦门市	43764	324	仙桃市	841
14	宁波市	40084	325	海南州	823
15	大连市	39904	326	潜江市	767
16	重庆市	39475	327	昌都市	747
17	常州市	32147	328	金昌市	730
18	武汉市	31583	329	怒江傈僳族自治州	730
19	海口市	30500	330	黄南藏族自治州	716
20	济南市	28717	331	天门市	659
21	沈阳市	25981	332	玉树藏族自治州	641
22	西安市	25945	333	林芝市	620
23	福州市	25231	334	海北藏族自治州	618
24	温州市	24519	335	嘉峪关市	604

续表

排名	城市	缴存单位	排名	城市	缴存单位
25	长沙市	22872	336	杨凌区	573
26	嘉兴市	21752	337	日喀则市	528
27	南通市	20616	338	果洛藏族自治州	499
28	郑州市	19040	339	神农架林区	338
29	湖州市	18612	340	那曲地区	270
30	贵阳市	18471	341	阿里地区	184

住房公积金实缴职工数可以直观反映一个城市的有效人气。

2019年，住房公积金实缴职工排名前四位的城市依旧是上海市、北京市和深圳市和广州市。上海市公积金实缴职工超过北京市，深圳市也在这个指标上超过广州市，但两个前者的缴存额都不如后者，说明上海市和深圳市的缴存者平均缴存额分别都低于北京市和广州市，这两个城市的参缴者以较低收入者居多，从另一个侧面说明这两个城市的住房公积金覆盖面要比后两个城市更广。

住房公积金实缴职工排名前30的城市，如苏州市、成都市、杭州市、南京市等，同样也是公积金缴存额和缴存单位排名前30的东部发达城市和中西部省会城市。直辖市重庆市，公积金实缴职工数排在第9，高于缴存单位数排名，也高于缴存额排名，说明人均缴存额在大城市中相对偏低，但缴存单位人均实缴职工数则在大城市中相对偏高，缴存单位比较集中在大单位。

排名后30的城市（地、州）等也基本为西部经济和人口欠发达的地区，也有少数在东北地区。其中拉萨市、乌海市、鹤岗市等城市同样也是缴存单位排名后30的城市。这也与预期基本一致，经济发达和人口稠密的地区，城镇常住人口较多，缴存基数大，实缴职工也较多。经济欠发达地区，人口较少，城镇常住人口也较少，缴存基数小，实缴职工也较少（见表5-4）。

表 5-4　住房公积金实缴职工前 30 名和后 30 名的城市　　（单位：万人）

排名	城市	实缴职工	排名	城市	实缴职工
1	上海市	882.78	312	甘南藏族自治州	6.04
2	北京市	798.55	313	嘉峪关市	5.97
3	深圳市	665.15	314	固原市	5.96
4	广州市	479.72	315	拉萨市	5.95
5	苏州市	382.91	316	石嘴山市	5.87
6	成都市	361.78	317	乌海市	5.76
7	杭州市	300.20	318	克孜勒苏柯尔克孜自治州	5.66
8	天津市	280.40	319	鹤岗市	5.62
9	重庆市	267.18	320	大兴安岭地区	5.50
10	南京市	253.28	321	仙桃市	4.87
11	武汉市	231.36	322	海东市	4.85
12	西安市	215.56	323	日喀则市	4.69
13	东莞市	183.20	324	昌都市	4.48
14	佛山市	172.70	325	阿拉善盟	4.36
15	青岛市	172.31	326	博尔塔拉蒙古自治州	4.10
16	无锡市	169.53	327	山南市	3.59
17	长沙市	166.04	328	那曲地区	3.53
18	郑州市	165.36	329	怒江傈僳族自治州	3.33
19	济南市	164.44	330	天门市	3.25
20	宁波市	160.17	331	潜江市	3.19
21	沈阳市	159.56	332	迪庆藏族自治州	3.16
22	合肥市	137.49	333	林芝市	2.66
23	大连市	133.59	334	杨凌区	2.60
24	长春市	120.88	335	海南州	2.09
25	厦门市	117.19	336	玉树藏族自治州	1.64
26	哈尔滨市	115.33	337	阿里地区	1.62
27	海口市	108.14	338	海北藏族自治州	1.59
28	福州市	104.89	339	黄南藏族自治州	1.32
29	昆明市	103.80	340	果洛藏族自治州	1.15
30	常州市	99.35	341	神农架林区	0.80

2019年，全国共发放住房公积金个人住房贷款286万笔，发放贷款金额12139亿元，个人住房贷款余额55883亿元，分别较上年增长13.25%、18.79%和12.11%；平均每笔个贷42.44万元，在个人住房贷款市场的占有率为15.61%。①

住房公积金个贷笔数可以折射一个城市房地产购房市场的人气热度。

2019年，上海住房公积金个贷笔数几乎是北京的两倍，遥遥领先，而重庆市和南京市的住房公积金贷款火热程度跃居前四。相比之下，深圳市和广州市的住房公积金个贷倒是相对冷清很多，尤其是广州市，排名只在第12位。这是由于公积金贷款笔数与当地公积金贷款政策松紧程度高度相关，并不完全直接等同住房市场活跃程度。尽管如此，该指标仍然与购房市场热度有很高的相关性。另外，从第3名的重庆市到第16名长沙市，个贷笔数变动幅度不大，在3万—7万笔之间。

排名前30的其他城市主要为近年来个人购房市场热度高的东部城市和中西部省会城市。排名后30的城市（地、州、盟）则主要在个人购房市场比较冷落的中西部经济欠发达的地区，个别在东北地区（见表5-5）。

表5-5　　住房公积金个贷笔数前30名和后30名的城市　　（单位：笔）

排名	城市	个贷笔数	排名	城市	个贷笔数
1	上海市	140800	312	山南市	1311
2	北京市	71489	313	迪庆藏族自治州	1300
3	重庆市	61700	314	怒江傈僳族自治州	1300
4	南京市	59400	315	防城港市	1300
5	武汉市	54000	316	仙桃市	1300

① 所谓住房公积金个人住房贷款市场占有率，是指当年住房公积金个人住房贷款余额占全国商业性和住房公积金个人住房贷款余额总和的比率。

续表

排名	城市	个贷笔数	排名	城市	个贷笔数
6	成都市	53500	317	天门市	1288
7	苏州市	52600	318	阳泉市	1232
8	深圳市	51400	319	石嘴山市	1200
9	杭州市	50000	320	吕梁市	1126
10	天津市	50000	321	阿坝藏族羌族自治州	1100
11	无锡市	46700	322	克孜勒苏柯尔克孜自治州	1100
12	广州市	40500	323	双鸭山市	1000
13	西安市	39700	324	潜江市	988
14	沈阳市	38900	325	铜川市	931
15	大连市	32900	326	海南州	900
16	长沙市	30300	327	杨凌区	900
17	济南市	29400	328	昌都市	884
18	合肥市	26600	329	金昌市	875
19	宁波市	25800	330	林芝市	868
20	太原市	22700	331	海北藏族自治州	762
21	郑州市	22600	332	玉树藏族自治州	710
22	哈尔滨市	22400	333	黄南藏族自治州	688
23	南通市	22000	334	阿里地区	618
24	常州市	20800	335	七台河市	556
25	青岛市	20400	336	那曲地区	525
26	乌鲁木齐	20300	337	保山市	412
27	长春市	19900	338	果洛藏族自治州	406
28	福州市	18500	339	大兴安岭地区	400
29	济宁市	17400	340	鹤岗市	395
30	佛山市	17300	341	神农架林区	270

住房公积金个贷金额可以折射一个城市购房市场的价值容量。

2019年，住房公积金个贷额排在前四位的是上海市、北京市、深圳市和南京市。上海的个贷额仍然几乎是北京的两倍。

深圳市虽然个贷笔数排在第 8 位,但单笔贷款金额多,贷款额进入了前四。广州同样个贷额的排名高于其个贷笔数的排名。个贷额排名前 30 的城市主要为东部经济发达城市,如杭州市、无锡市、苏州市等和中西部省会城市如重庆市、长沙市和西安市等。个贷额排名前 30 的城市名单与个贷笔数排名前 30 的城市名单基本一致,排名稍有差别(见表 5-6)。

表 5-6　　住房公积金个贷额前 30 名和后 30 名的城市　　(单位:亿元)

排名	城市	个贷额	排名	城市	个贷额
1	上海市	939.18	312	防城港市	4.76
2	北京市	557.56	313	仙桃市	4.57
3	深圳市	343.39	314	天门市	4.31
4	南京市	326.70	315	阿拉善盟	4.18
5	杭州市	278.90	316	乌海市	4.02
6	武汉市	273.86	317	海南州	3.92
7	广州市	266.06	318	吐鲁番市	3.91
8	成都市	238.88	319	阳泉市	3.82
9	重庆市	236.12	320	阿里地区	3.78
10	无锡市	235.72	321	吕梁市	3.65
11	天津市	228.90	322	鸡西市	3.60
12	苏州市	225.09	323	石嘴山市	3.39
13	西安市	193.84	324	潜江市	3.38
14	长沙市	139.55	325	那曲地区	3.35
15	沈阳市	127.64	326	玉树藏族自治州	3.33
16	东莞市	126.08	327	铜川市	3.22
17	合肥市	120.22	328	黄南藏族自治州	3.08
18	大连市	116.69	329	海北藏族自治州	2.89
19	济南市	114.71	330	伊春市	2.76
20	宁波市	114.47	331	白山市	2.65
21	太原市	113.13	332	克孜勒苏柯尔克孜自治州	2.61
22	乌鲁木齐	101.63	333	杨凌区	2.61

续表

排名	城市	个贷额	排名	城市	个贷额
23	郑州市	98.05	334	金昌市	2.58
24	长春市	97.52	335	果洛藏族自治州	1.98
25	哈尔滨市	97.23	336	双鸭山市	1.37
26	福州市	96.96	337	保山市	1.21
27	南通市	96.26	338	七台河市	1.03
28	厦门市	90.00	339	神农架林区	0.77
29	常州市	88.85	340	大兴安岭地区	0.62
30	佛山市	88.10	341	鹤岗市	0.55

根据近几年的全国住房公积金年度报告，全国层面住房公积金个人住房贷款市场占有率维持在15%—19%的区间段。但该指标的地区差别较大。该指标越高，意味着住房公积金对住房贷款市场的渗透率和参与率也越高，缴存者获得购房支持的机会也就越高。

从2019年住房公积金个人住房贷款市场占有率核密度分布情况来看（见图5-1），在341个设置住房公积金管理中心的城市和地区中，仅有较少数城市的住房公积金个人住房贷款市场占有率超过50%。通过进一步统计发现，这些城市的数量大约占比10%，且对于2019年住房公积金个贷市场占有率超过50%的34个城市，基本上分布在我国房价较低的西部地区（见表5-7所示）。

但必须指出，与之前缴存和个贷等单项指标不同的是，住房公积金个人住房贷款的市场占有率涉及与商业个人房贷的比较，而这个数据由各地住房公积金管理中心提供，未经权威部门的验证，其准确性没有足够保证，需要谨慎使用。尤其过高和过低的市场占有率，都可能存在较大误差。所以表5-7仅供参考，数据须谨慎对待。

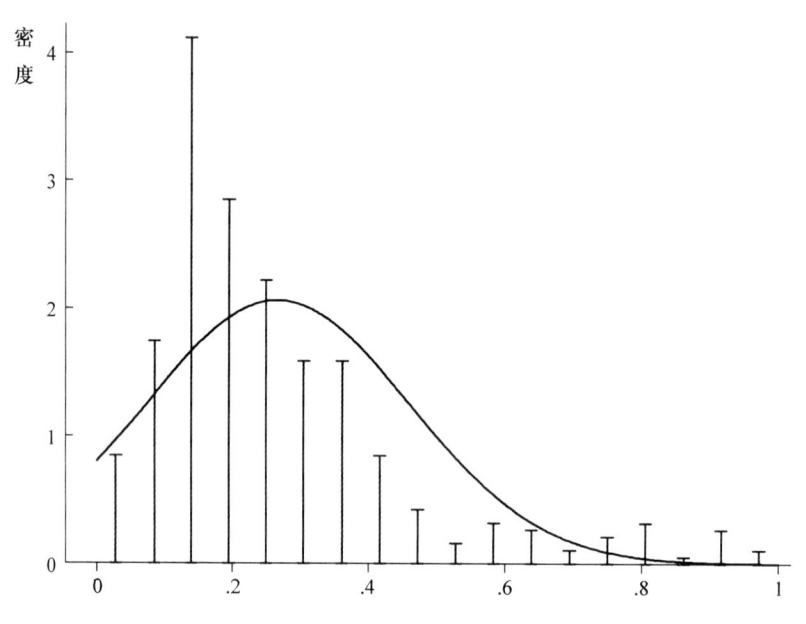

图 5-1 2019 年住房公积金个人住房贷款市场占有率核密度分布

表 5-7 住房公积金个贷市场占有率前 30 名和后 30 名的城市

排名	城市	占有率	排名	城市	占有率
1	玉树藏族自治州	100%	312	青岛市	9.59%
2	阿坝藏族羌族自治州	97.20%	313	肇庆市	9.42%
3	甘孜藏族自治州	93.19%	314	北海市	9.33%
4	黄南藏族自治州	92.98%	315	汕尾市	9.16%
5	克拉玛依市	90.99%	316	滁州市	9.15%
6	山南市	90.57%	317	六安市	9.12%
7	克孜勒苏柯尔克孜自治州	89.29%	318	临沂市	9.11%
8	和田地区	85.93%	319	潜江市	9.04%
9	海南州	82.97%	320	嘉兴市	8.94%
10	甘南藏族自治州	82.89%	321	宿迁市	8.84%
11	喀什地区	82.86%	322	南昌市	8.83%
12	林芝市	81.28%	323	清远市	8.80%
13	果洛藏族自治州	80.25%	324	深圳市	8.43%
14	那曲地区	77.91%	325	江门市	8.26%

续表

排名	城市	占有率	排名	城市	占有率
15	海东市	77.61%	326	阳江市	8.14%
16	迪庆藏族自治州	75.61%	327	贵港市	7.93%
17	海西蒙古族藏族自治州	75.26%	328	东莞市	7.48%
18	阿拉善盟	74.32%	329	开封市	7.22%
19	海北藏族自治州	72.16%	330	佛山市	6.90%
20	普洱市	69.95%	331	河源市	6.42%
21	阿里地区	64.52%	332	仙桃市	6.36%
22	吐鲁番市	64.08%	333	珠海市	6.10%
23	日喀则市	63.30%	334	南宁市	5.29%
24	临沧市	63.29%	335	中山市	5.11%
25	伊春市	62.56%	336	惠州市	4.50%
26	乌兰察布市	60.92%	337	平凉市	4.40%
27	锡林郭勒盟	60.72%	338	楚雄州	4.21%
28	鄂尔多斯市	60.63%	339	吉安市	4.19%
29	大庆市	57.82%	340	赣州市	3.43%
30	呼伦贝尔市	57.27%	341	廊坊市	2.79%

注：个别城市该指标数据缺失，没有参加排名。

不过就表5-7而言，抛开具体数据的准确性，总体趋势还是清晰的，个贷市场占有率前30的城市全部是房价较低的西部城市和个别东北城市，与业内公认的住房公积金贷款在商业房贷市场不发达、房价较低城市的市场占有率更高的印象是一致的。同时，公积金个贷市场占有率排名后30的城市大部分为经济较发达、人口较多的东、中部城市。特别引人注目的是，深圳市的住房公积金个贷市场占有率仅为8.43%，排名全国倒数第18。深圳市在住房公积金个人贷款的金额与笔数的排名均非常靠前，但其公积金个贷的市场占有率却低于9%。青岛也存在类似情况。青岛的住房公积金个贷笔数排名第25，个贷金额排名第31，但市场占有率仅为9.59%，排名全国倒数第30。如果数据准确,一方面说明这些城市的个人房贷市场竞争激烈、市场化程度高,另一方面这些城市房价非常高昂,仅靠贷款有很低上限的公积金个贷是远远难以满足购房需求的。

综上所述,在房价较高的地区,住房公积金贷款对于缴存者购房的支持仍然有限,东、中部地区缴纳住房公积金的受益较小。住房公积金缴存者,在低房价的西部地区获得贷款支持机会更高,在高房价的东部地区获得机会较少。

(二) 城市住房公积金发展增速评估

指数报告对于城市住房公积金发展增速的评价指标包括缴存额增长率、缴存单位增长率、实缴职工增长率、个贷笔数增长率和个贷金额增长率。

1. 城市住房公积金发展增速综合分析

从住房公积金发展增速来看,2019年占据前四位的分别是中山市、鹤壁市、惠州市和东莞市,都是经济发展相对较快的城市。从区域维度看,住房公积金发展主要包括一些经济发展较快的东部城市,如宿迁市、菏泽市、河源市、合肥市、苏州市、杭州市等,也包括经济增长或公积金扩面表现不错的中西部城市(地、州),如和田地区、喀什地区和拉萨市等。

公积金发展增速排名后30的城市主要集中在近年经济增速出现下滑的东北和中西部省份,如山西省出现多个(见表5-8)。

从发展增速与发展规模的比较来看,有不少发展规模排名较后的城市(地、州、盟)的发展增速排名靠前,如和田地区、新疆生产建设兵团、喀什地区、果洛藏族自治州、拉萨市等,这也说明了这些地区的住房公积金虽然规模较小,但发展潜力也是不容小觑的。

表5-8　　住房公积金发展增速前30名和后30名的城市

排名	城市	得分	排名	城市	得分
1	中山市	11.42	312	临汾市	4.86
2	鹤壁市	11.42	313	海北藏族自治州	4.86
3	惠州市	10.84	314	铁岭市	4.83
4	东莞市	10.64	315	鞍山市	4.75
5	宿迁市	10.57	316	鹤岗市	4.72
6	和田地区	10.11	317	达州市	4.72
7	菏泽市	10.07	318	海南州	4.70
8	新疆生产建设兵团	10.06	319	自贡市	4.68
9	河源市	9.96	320	衡阳市	4.68
10	喀什地区	9.82	321	延安市	4.62
11	合肥市	9.80	322	红河哈尼族彝族自治州	4.60
12	苏州市	9.78	323	昌都市	4.56
13	漳州市	9.73	324	吴忠市	4.55
14	果洛藏族自治州	9.69	325	日喀则市	4.51
15	克孜勒苏柯尔克孜自治州	9.68	326	伊春市	4.47
16	杭州市	9.58	327	白山市	4.46
17	汕尾市	9.48	328	松原市	4.45
18	宁波市	9.47	329	张掖市	4.45
19	温州市	9.46	330	怒江傈僳族自治州	4.44
20	鄂尔多斯市	9.46	331	阿拉善盟	4.37
21	绍兴市	9.44	332	大庆市	4.26
22	湖州市	9.37	333	潮州市	4.25
23	拉萨市	9.36	334	白城市	4.22
24	南昌市	9.36	335	阜新市	4.22
25	榆林市	9.34	336	朔州市	4.18
26	长沙市	9.32	337	呼伦贝尔市	4.11
27	珠海市	9.30	338	铜川市	3.94
28	郑州市	9.29	339	七台河市	3.75
29	北海市	9.26	340	天水市	3.71
30	佛山市	9.25	341	运城市	3.68

2. 城市住房公积金发展增速单项分析

住房公积金缴存额增长率与所在城市经济发展趋势高度正相关。

2019年,住房公积金缴存额增长率的前四位是河源市、和田地区、榆林市和吕梁市,缴存额增长率排名前9位的增长率都在30%以上,前30的增长率都在20%以上。排名居前的,虽在欠发达地区居多,但经济有一定增长,再加上住房公积金扩面工作的成效,就显示出了较多的增长势头。排名前30位的,只有广东省的河源市、汕尾市、梅州市,山东省的菏泽市和江苏省的宿迁市属于东部相对经济欠发达城市,其他主要是在西部地区,如和田地区、榆林市、乌海市、山南市、果洛州、遵义市、昭通市等,也有一些中部城市,如吕梁市、鹤壁市、张家界市、马鞍山市、邯郸市、商丘市等。尽管存在住房公积金扩面工作的因素,住房公积金缴存额的增长率,还是折射出这些城市具有相当不错的经济增长活力。

2019年,有10个城市/州的住房公积金缴存额出现了负增长,负增长最多的是日喀则市,其次是泰安市,负增长程度都在10%以上。排名后30的城市(地、州、盟)分布比较分散,但东北地区占了6个,山西省有4个,映照了这些地区的经济整体不景气和人口的流失(见表5-9)。

表5-9 住房公积金缴存额增长率前30名和后30名的城市

排名	城市	增长率	排名	城市	增长率
1	河源市	36.07%	312	广元市	5.10%
2	和田地区	34.89%	313	抚顺市	4.97%
3	榆林市	34.78%	314	白城市	4.92%
4	吕梁市	34.70%	315	徐州市	4.86%
5	乌海市	32.86%	316	贺州市	4.79%
6	山南市	32.67%	317	大兴安岭地区	4.65%

续表

排名	城市	增长率	排名	城市	增长率
7	菏泽市	31.29%	318	牡丹江市	4.47%
8	果洛藏族自治州	31.20%	319	石嘴山市	4.42%
9	宿迁市	30.38%	320	秦皇岛市	4.05%
10	鹤壁市	29.06%	321	自贡市	3.95%
11	张家界市	27.86%	322	张掖市	3.04%
12	马鞍山市	27.82%	323	阿拉善盟	2.94%
13	汕尾市	26.40%	324	乐山市	2.32%
14	遵义市	24.95%	325	西双版纳傣族自治州	2.15%
15	昭通市	24.74%	326	忻州市	1.93%
16	黔西南州	24.73%	327	承德市	1.73%
17	邯郸市	24.58%	328	吴忠市	1.26%
18	商丘市	24.16%	329	运城市	0.72%
19	梅州市	23.61%	330	晋中市	0.46%
20	鄂尔多斯市	23.24%	331	包头市	0.22%
21	克孜勒苏柯尔克孜自治州	22.81%	332	昌都市	-1.69%
22	本溪市	22.59%	333	怒江傈僳族自治州	-1.88%
23	西安市	22.42%	334	白山市	-2.06%
24	惠州市	22.34%	335	七台河市	-3.64%
25	四平市	22.18%	336	临汾市	-4.31%
26	仙桃市	21.81%	337	延安市	-4.77%
27	塔城地区	21.56%	338	抚州市	-6.49%
28	济源市	21.53%	339	铜川市	-7.26%
29	长治市	21.36%	340	泰安市	-10.84%
30	拉萨市	21.14%	341	日喀则市	-14.10%

住房公积金缴存单位增长率与一个城市正规化经济发展趋势高度正相关。

2019年，住房公积金缴存单位增长率排名前四位的城市为拉萨市、临沧市、西安市和聊城市，其中排名前两位的城市缴存单位增长率在30%以上。排名前30的城市（州）不仅包括中西部城市，也包括不少东部城市，如无锡市、佛山市、台州市、中山市，甚至还有一些缴存规模很大的大城市，如西安市、成都市、厦门市、济南市、南京市。这些城市的缴存额规模并没有出现高增长，但缴存单位出现高增长率，说明这些城市的住房公积金扩面（扩大覆盖面）工作做得比较不错，在2019年加快向中小微企业进行渗透。

缴存单位增长率排名后30位的主要在中西部和东北地区，增长率均为负数。对照表5-9，这些城市（地、州）的住房公积金缴存额并没有出现大的收缩，但缴存单位出现较为严重的收缩，说明这些城市（地、州）的经济活力在下降，新开办的企业少，企业倒闭多，经济趋于集中到少数大型单位中（见表5-10）。

表5-10　住房公积金缴存单位增长率前30名和后30名的城市

排名	城市	增长率	排名	城市	增长率
1	拉萨市	40.42%	312	通化市	-1.29%
2	临沧市	31.48%	313	陇南市	-1.39%
3	西安市	26.77%	314	运城市	-1.83%
4	聊城市	26.75%	315	庆阳市	-2.73%
5	无锡市	25.16%	316	阜新市	-3.73%
6	佛山市	25.01%	317	攀枝花市	-3.79%
7	邢台市	23.22%	318	鞍山市	-3.98%
8	毕节市	22.60%	319	淄博市	-4.38%
9	台州市	22.23%	320	湛江市	-4.55%
10	临沂市	21.66%	321	那曲地区	-5.15%
11	中山市	21.50%	322	黄山市	-5.74%
12	惠州市	21.50%	323	曲靖市	-6.28%
13	成都市	20.46%	324	宜宾市	-6.29%
14	厦门市	20.45%	325	朔州市	-6.38%

续表

排名	城市	增长率	排名	城市	增长率
15	济南市	20.34%	326	眉山市	-6.61%
16	德州市	20.22%	327	达州市	-7.30%
17	海口市	19.80%	328	克孜勒苏柯尔克孜自治州	-7.42%
18	乌鲁木齐市	19.66%	329	临夏回族自治州	-7.48%
19	济源市	19.45%	330	九江市	-9.67%
20	枣庄市	19.34%	331	宜春市	-11.12%
21	温州市	19.32%	332	开封市	-11.25%
22	邯郸市	19.23%	333	天水市	-11.33%
23	长沙市	18.72%	334	沧州市	-12.32%
24	南京市	18.63%	335	江门市	-16.00%
25	杭州市	18.60%	336	潮州市	-19.34%
26	果洛藏族自治州	18.59%	337	吉安市	-19.74%
27	鄂尔多斯市	18.45%	338	泉州市	-20.37%
28	雅安市	18.41%	339	玉林市	-20.64%
29	新疆生产建设兵团	18.05%	340	怀化市	-21.13%
30	黔南布依族苗族自治州	17.58%	341	伊春市	-33.73%

住房公积金实缴职工增长率可以反映一个城市人气吸引力趋势。

2019年，住房公积金实缴职工增长率排名前四位的城市是河源市、神农架林区、鄂尔多斯市和汕尾市，增长率都在15%以上。可以注意到，实缴职工增长率排名前30位的榜单，与缴存额增长率前30的榜单比较相似，但与实缴单位增长率前30的榜单差别较大，说明表5-10中实缴单位的高增长确实可能主要是向中小微企业扩面取得的。

2019年，全国有62个城市（州、盟）出现了住房公积金实缴职工的负增长。实缴职工增长率排名后30的城市（州、盟），负增长率的幅度都超过了2.6%，有10个城市（州、盟）负增长率幅度超过10%。在这30个城市（州、盟）中，有10个是位于东北，其他地区比较分散（见表5-11）。这说明中国目前人口收缩比较严重的就是在东北地区，其他地区还没有出现明显的成片收缩现象。

表5-11　住房公积金实缴职工增长率前30名和后30名的城市

排名	城市	增长率	排名	城市	增长率
1	河源市	19.30%	312	阿坝藏族羌族自治州	-2.60%
2	神农架林区	16.96%	313	十堰市	-2.61%
3	鄂尔多斯市	15.70%	314	抚顺市	-2.87%
4	汕尾市	15.19%	315	廊坊市	-2.96%
5	泸州市	14.78%	316	怀化市	-2.96%
6	乌鲁木齐市	14.31%	317	铁岭市	-3.29%
7	沈阳市	14.08%	318	七台河市	-3.86%
8	普洱市	14.00%	319	南平市	-4.26%
9	商丘市	13.89%	320	临沂市	-4.29%
10	佛山市	13.75%	321	泰州市	-4.30%
11	湖州市	13.68%	322	包头市	-4.39%
12	温州市	13.63%	323	阜新市	-4.47%
13	北海市	13.42%	324	白山市	-5.63%
14	宿迁市	12.94%	325	济源市	-6.06%
15	固原市	12.03%	326	四平市	-7.30%
16	邵阳市	12.00%	327	吉安市	-7.69%
17	广安市	11.88%	328	黄山市	-8.27%
18	阿拉善盟	11.85%	329	鸡西市	-8.49%
19	平凉市	11.73%	330	本溪市	-9.14%
20	玉树藏族自治州	11.56%	331	萍乡市	-9.90%
21	亳州市	11.48%	332	沧州市	-10.80%
22	清远市	11.34%	333	安康市	-10.97%
23	杨凌区	11.11%	334	宜春市	-12.03%

续表

排名	城市	增长率	排名	城市	增长率
24	阿里地区	10.20%	335	郑州市	-14.33%
25	昭通市	10.13%	336	芜湖市	-14.46%
26	贺州市	9.99%	337	淄博市	-14.83%
27	黔东南苗族侗族自治州	9.87%	338	六安市	-15.45%
28	中山市	9.80%	339	伊春市	-16.47%
29	梅州市	9.57%	340	兴安盟	-17.19%
30	嘉兴市	9.43%	341	果洛藏族自治州	-17.69%

除了缴存维度的增长，住房公积金贷款的变化反映了利用维度的增长情况，以下从公积金个贷笔数增长率和个贷金额增长率分别讨论。

住房公积金个贷笔数增长率可以反映一个城市购房市场的人气变化。

2019年，住房公积金个贷笔数增长率排名前四位的为中山市、喀什地区、南昌市和廊坊市，排名前7位的个贷笔数增长率都在100%以上，有50个城市的增长率超过40%，81个城市超过30%，111个城市超过20%。[①]

与此同时，2019年全国共有128个城市（地、州、盟）出现住房公积金个贷笔数负增长，还有78个出现负增长幅度超过10%，显示全国范围内购房市场出现大面积降温，但区域之间的分化严重。公积金个贷笔数排名后30的主要集中在东北，内蒙古和云南也有多个城市，负增长率幅度都超过或接近25%，其中排名最后六位的负增长率幅度超过40%，保山市的个贷笔数负增长率幅度甚至达到了84.84%（见表5-12）。

---

① 根据莆田市住房公积金年报，2018年莆田市仅发放公积金个人住房贷款7笔0.03亿元，2019年发放个人住房贷款0.29万笔11.99亿元，波动幅度过于异常，没有列入表5-12和表5-13中。

表 5-12　住房公积金个贷笔数增长率前 30 名和后 30 名的城市

排名	城市	增长率	排名	城市	增长率
1	中山市	315.97%	312	呼和浩特市	-24.33%
2	喀什地区	196.97%	313	济源市	-25.00%
3	南昌市	196.70%	314	潮州市	-25.93%
4	廊坊市	139.35%	315	吉林市	-26.49%
5	鹤壁市	118.98%	316	揭阳市	-26.70%
6	东莞市	102.02%	317	达州市	-27.14%
7	和田地区	100.00%	318	白城市	-28.00%
8	云浮市	96.18%	319	衢州市	-28.17%
9	阿里地区	91.92%	320	舟山市	-28.30%
10	梧州市	91.84%	321	西宁市	-28.89%
11	佛山市	89.80%	322	本溪市	-29.55%
12	青岛市	85.45%	323	兴安盟	-30.36%
13	天津市	85.20%	324	通化市	-32.14%
14	漳州市	83.67%	325	湘潭市	-32.56%
15	沧州市	80.81%	326	滁州市	-32.81%
16	伊犁哈萨克族自治州	80.43%	327	东营市	-33.12%
17	辽阳市	76.46%	328	大庆市	-36.07%
18	武汉市	76.13%	329	衡阳市	-36.70%
19	郑州市	71.64%	330	通辽市	-36.93%
20	汕头市	71.05%	331	丽江市	-37.50%
21	宿迁市	67.69%	332	鹤岗市	-38.28%
22	龙岩市	66.19%	333	泉州市	-38.89%
23	合肥市	62.20%	334	阿坝藏族羌族自治州	-38.89%
24	广州市	62.05%	335	呼伦贝尔市	-39.43%
25	贵港市	60.75%	336	海南州	-40.00%
26	汕尾市	59.47%	337	铜川市	-41.45%
27	珠海市	57.80%	338	绥化市	-45.71%
28	邯郸市	57.34%	339	威海市	-46.94%
29	克孜勒苏柯尔克孜自治州	57.14%	340	昭通市	-48.39%
30	成都市	56.43%	341	保山市	-84.84%

住房公积金个贷金额增长率可以反映一个城市购房市场的热度变化。

2019年，住房公积金个贷额增长率排名前四名的城市（地）分别为中山市、喀什地区、鹤壁市和廊坊市。其中排名前15的城市个贷额增长率在100%以上，排名前30的增长率全都超过70%，有51个城市（地、州）增长率超过了40%，140个城市（地、州、盟）增长率超过20%。这些数据说明，2019年我国不少城市和地区的住房市场仍然火爆，对住房公积金个贷需求旺盛。

然而，2019年也有101个城市（地、州、盟）的住房公积金个贷金额出现负增长，并有57个负增长幅度超过10%，排名后30的个贷额负增长幅度超过22%，排名最后四位的个贷额负增长幅度大于40%，保山市的个贷额负增长幅度甚至达到近90%。负增长幅度较大的城市仍然以东北地区的居多，也有内蒙古和云南的多个城市，此外也有北京这样因为受到严厉调控而楼市大幅度降温的城市（见表5-13）。

表5-13　住房公积金个贷额增长率前30名和后30名的城市

排名	城市	增长率	排名	城市	增长率
1	中山市	346.14%	312	铜川市	-22.60%
2	喀什地区	217.41%	313	阳泉市	-22.99%
3	鹤壁市	186.60%	314	本溪市	-24.71%
4	廊坊市	182.88%	315	常德市	-24.81%
5	南昌市	174.75%	316	吉林市	-25.27%
6	珠海市	159.93%	317	达州市	-25.31%
7	汕尾市	149.65%	318	西宁市	-25.66%
8	阿里地区	133.33%	319	揭阳市	-26.45%
9	东莞市	130.31%	320	白银市	-26.94%
10	佛山市	115.84%	321	白城市	-27.56%
11	伊犁哈萨克自治州	113.92%	322	昆明市	-27.58%
12	潜江市	107.00%	323	舟山市	-28.90%

续表

排名	城市	增长率	排名	城市	增长率
13	和田地区	106.72%	324	湘潭市	-29.71%
14	沧州市	104.20%	325	兴安盟	-30.85%
15	梧州市	101.80%	326	昭通市	-30.90%
16	邯郸市	96.24%	327	通化市	-31.52%
17	青岛市	95.25%	328	海南州	-31.71%
18	武汉市	95.12%	329	东营市	-31.91%
19	郑州市	92.76%	330	北京市	-32.90%
20	漳州市	90.63%	331	雅安市	-34.01%
21	新疆生产建设兵团	84.55%	332	丽江市	-35.18%
22	榆林市	83.44%	333	衢州市	-35.69%
23	汕头市	82.46%	334	大庆市	-37.53%
24	天津市	81.80%	335	通辽市	-37.95%
25	克孜勒苏柯尔克孜自治州	81.25%	336	衡阳市	-38.16%
26	开封市	80.70%	337	呼伦贝尔市	-39.61%
27	嘉兴市	78.84%	338	绥化市	-42.41%
28	果洛藏族自治州	76.79%	339	鹤岗市	-45.00%
29	林芝市	76.72%	340	威海市	-48.37%
30	辽阳市	72.89%	341	保山市	-89.68%

（三）城市住房公积金发展结构评估

指数报告对于城市住房公积金发展结构的评价指标包括缴存单位平均缴存人数、非国有单位占比、非国有职工占比、中低收入职工占比、中小户型个贷占比、首套房个贷比、住房消费提取占比和租房提取占比。这些指标的选取具有一定主观性，体现了指数课题组的价值理念。

城市住房公积金发展结构指数，目的在于综合反映城市住房公积金的缴存单位与缴存职工的来源结构，以及支持职工住房贷款和住房消费等方面的结构比例。该指标数值越高，说明该城市住房公积金在缴纳者和利用方面的发展结构越合理；数值越低，则说明该城市住房公积金的发展结构有待调整。从排名来看，住房公积金发展结构排名前五名的城市为深圳市、东莞市、杭州市、北京市和上海市，前 30 名都是经济发达尤其是民营经济高度发达的城市，后 30 名主要是经济欠发达并有国有经济主导特征的城市（见表 5-14）。

表 5-14　　住房公积金发展结构前 30 名和后 30 名的城市

排名	城市	得分	排名	城市	得分
1	深圳市	19.10	312	张家口市	7.83
2	东莞市	18.54	313	唐山市	7.82
3	杭州市	17.98	314	伊春市	7.82
4	北京市	16.89	315	湘西土家族苗族自治州	7.73
5	上海市	16.81	316	娄底市	7.71
6	常州市	16.51	317	丽江市	7.70
7	南京市	16.42	318	七台河市	7.69
8	大连市	16.29	319	十堰市	7.63
9	苏州市	16.10	320	通辽市	7.56
10	珠海市	16.08	321	黑河市	7.49
11	中山市	15.85	322	海东市	7.43
12	厦门市	15.70	323	兴安盟	7.36
13	天津市	15.61	324	乌兰察布市	7.34
14	无锡市	15.44	325	开封市	7.34
15	宁波市	15.02	326	张家界市	7.33
16	泉州市	14.79	327	临沧市	7.26
17	嘉兴市	14.68	328	甘孜藏族自治州	7.13
18	青岛市	14.66	329	山南市	6.94
19	广州市	14.55	330	金昌市	6.82
20	海南省	14.50	331	拉萨市	6.77
21	成都市	14.40	332	曲靖市	6.76
22	连云港市	14.37	333	邵阳市	6.60

续表

排名	城市	得分	排名	城市	得分
23	贵阳市	14.35	334	商洛市	6.40
24	温州市	14.33	335	阿里地区	6.40
25	佛山市	14.25	336	怒江傈僳族自治州	6.30
26	扬州市	13.98	337	迪庆藏族自治州	6.19
27	福州市	13.89	338	德宏傣族景颇族自治州	6.13
28	南宁市	13.83	339	文山壮族苗族自治州	5.80
29	廊坊市	13.79	340	那曲地区	5.53
30	金华市	13.73	341	日喀则市	4.77

（四）城市住房公积金资金利用率评估

指数报告对于城市住房公积金资金利用率的评价指标包括住房消费提取额与缴存额之比、个贷率、资金使用率。①

城市住房公积金资金利用率能综合反映城市住房公积金资金的使用程度。

从城市住房公积金资金利用率排名来看，排名前30的城市既有东部经济发达地区，如无锡市、南通市、中山市、佛山市等，也有不少中西部城市（地、州），如阿勒泰地区、宣城市、梧州市、萍乡市、海南州等。排名后30的城市主要在东北地区和中西部地区，黑龙江省4个城市（地）排名垫底，山西省也有多个城市排名很靠后（见表5-15）。

---

① 指数报告将这几个指标都设置为正向指标，即越高越好，可能存在一定的争议，有不少专家认为资金利用率并非越高越好，应该存在一个合理的利用率区间。但一方面何谓合理利用率区间仍有很大争议，另一方面课题组曾尝试过以相对样本中间值为基准的偏离度来赋分，但产生的排名结果不符合一般直觉预期。为此，本指数报告仍暂设这三个指标为正向指标，并不做相对合理区间偏离度的调整。期待未来对这个问题有更好的解决办法。

表 5-15　住房公积金资金利用率名前 30 名和后 30 名的城市

排名	城市	得分	排名	城市	得分
1	无锡市	14.52	312	十堰市	4.04
2	龙岩市	14.20	313	商洛市	4.02
3	阿勒泰地区	14.09	314	周口市	3.72
4	南通市	14.07	315	长沙市	3.51
5	宣城市	14.06	316	衡阳市	3.47
6	梧州市	13.79	317	张家口市	3.26
7	萍乡市	13.76	318	乌海市	3.12
8	海南州	13.74	319	景德镇市	3.05
9	伊犁哈萨克自治州	13.65	320	巴音郭楞蒙古族自治州	2.94
10	海北藏族自治州	13.58	321	本溪市	2.86
11	铜仁市	13.52	322	晋城市	2.78
12	毕节市	13.27	323	南阳市	2.75
13	西双版纳傣族自治州	13.26	324	开封市	2.63
14	甘南藏族自治州	13.23	325	绥化市	2.44
15	济宁市	13.13	326	铁岭市	2.21
16	大连市	13.12	327	商丘市	2.12
17	玉溪市	13.08	328	白山市	1.99
18	博尔塔拉蒙古自治州	13.05	329	金昌市	1.61
19	常州市	12.92	330	盘锦市	1.44
20	贺州市	12.83	331	那曲地区	1.30
21	池州市	12.56	332	和田地区	1.19
22	淮北市	12.51	333	伊春市	1.09
23	肇庆市	12.49	334	阳泉市	0.93
24	中山市	12.46	335	鸡西市	0.84
25	佛山市	12.43	336	克孜勒苏柯尔克孜自治州	0.73
26	东莞市	12.42	337	吕梁市	0.57
27	黔南布依族苗族自治州	12.38	338	双鸭山市	0.00
28	海东市	12.36	339	大兴安岭地区	0.00
29	益阳市	12.28	340	鹤岗市	0.00
30	云浮市	12.22	341	七台河市	0.00

（五）城市住房公积金资金效益评估

指数报告中对于城市住房公积金资金效益评价的指标包括增值收益率、人均增值收益和费用率。

城市住房公积金资金效益指标综合反映了住房公积金的运营效益，能够反映城市住房公积金的运行效率和资金收益水平。排名前30的城市（地、州）分布较散，除上海市和北京市外，大部分是在中西部地区，也有部分来自东北地区。排名后30的城市（地、州）地域分布更散，既有很多发达地区城市，也有大量不发达地区城市，表明这个指标受地区影响较少，受当地公积金中心管理水平的影响更多（见表5-16）。

表5-16　住房公积金资金效益前30名和后30名的城市

排名	城市	得分	排名	城市	得分
1	忻州市	14.46	312	铜川市	4.84
2	曲靖市	13.94	313	聊城市	4.81
3	新疆生产建设兵团	13.80	314	清远市	4.79
4	黄石市	13.69	315	汕头市	4.67
5	上海市	13.66	316	常德市	4.65
6	攀枝花市	13.28	317	平顶山市	4.63
7	和田地区	13.07	318	海西蒙古族藏族自治州	4.59
8	铁岭市	13.04	319	佛山市	4.55
9	吉安市	12.70	320	乌海市	4.53
10	鄂州市	12.63	321	双鸭山市	4.47
11	凉山彝族自治州	12.59	322	盐城市	4.43
12	乌鲁木齐市	12.52	323	金昌市	4.39
13	大庆市	12.49	324	甘南藏族自治州	4.32
14	渭南市	12.47	325	防城港市	4.17
15	淮北市	12.42	326	哈尔滨市	4.11

续表

排名	城市	得分	排名	城市	得分
16	新余市	12.37	327	崇左市	4.07
17	武威市	12.36	328	邢台市	4.07
18	本溪市	12.33	329	肇庆市	3.85
19	自贡市	12.11	330	平凉市	3.59
20	西双版纳傣族自治州	12.09	331	保定市	3.39
21	红河哈尼族彝族自治州	12.08	332	克孜勒苏柯尔克孜自治州	3.37
22	北京市	12.04	333	梧州市	3.32
23	大兴安岭地区	12.02	334	中山市	3.22
24	鸡西市	11.91	335	大同市	2.88
25	呼和浩特市	11.88	336	滁州市	2.23
26	白山市	11.82	337	吐鲁番市	2.18
27	上饶市	11.81	338	汕尾市	1.97
28	岳阳市	11.78	339	神农架林区	1.81
29	西宁市	11.67	340	榆林市	1.54
30	齐齐哈尔市	11.63	341	临夏回族自治州	1.49

（六）城市住房公积金资金安全评估

指数报告中城市住房公积金资金安全的评价指标包括贷款逾期率、准备金率、流动性安全。

城市住房公积金资金安全指标综合反映了城市住房公积金的运营安全。综合来看，城市住房公积金资金安全排名前五位的城市为大兴安岭地区、七台河市、鹤岗市、保山市和吕梁市，排名前30的虽然有不少东部发达地区城市，但也有多个东北地区尤其黑龙江的城市，这些城市在资金利用率方面排名很低，但在安全角度很高。资金利用率与资金安全，成了熊掌与鱼难以兼得的矛盾。而排名后30的城市主要在中西部地区（见表5-17）。

表 5-17　住房公积金资金安全前 30 名和后 30 名的城市

排名	城市	得分	排名	城市	得分
1	大兴安岭地区	19.85	312	乌鲁木齐市	4.96
2	七台河市	17.57	313	济源市	4.92
3	鹤岗市	17.06	314	云浮市	4.88
4	保山市	15.06	315	聊城市	4.73
5	吕梁市	15.00	316	荆州市	4.72
6	三明市	14.37	317	大同市	4.72
7	安阳市	13.85	318	中山市	4.68
8	双鸭山市	12.88	319	嘉峪关市	4.51
9	商丘市	12.35	320	昌都市	4.33
10	金华市	11.99	321	甘南藏族自治州	4.19
11	衢州市	11.64	322	崇左市	4.16
12	辽阳市	11.50	323	防城港市	4.15
13	扬州市	11.27	324	黑河市	4.10
14	白山市	11.27	325	上饶市	3.93
15	嘉兴市	11.21	326	百色市	3.85
16	连云港市	11.11	327	天门市	3.84
17	阿坝藏族羌族自治州	11.09	328	绥化市	3.84
18	上海市	11.01	329	河源市	3.82
19	泰州市	10.89	330	山南市	3.68
20	攀枝花市	10.86	331	太原市	3.58
21	延边朝鲜族自治州	10.83	332	佳木斯市	3.37
22	克孜勒苏柯尔克孜自治州	10.75	333	拉萨市	3.17
23	泸州市	10.73	334	阜新市	2.59
24	丽水市	10.68	335	赤峰市	2.50
25	开封市	10.60	336	阿里地区	2.20
26	沈阳市	10.57	337	延安市	1.41
27	舟山市	10.50	338	日喀则市	1.28
28	台州市	10.44	339	齐齐哈尔市	1.20
29	绍兴市	10.34	340	肇庆市	0.90
30	朔州市	10.30	341	西双版纳傣族自治州	0.09

总体来看，住房公积金的资金安全性与资金利用率之间存在较高的替代性矛盾，同时都得高分很难。但也要注意到，有一些城市（州），如保山市、南通市、丽水市、衢州市、三明市、海北藏族自治州、无锡市、泰州市、宁波市、龙岩市、金华市、绍兴市、盐城市、舟山市等33个城市（州），在这两项上都表现不错，两项加总的总分超过20分。也有绥化市、那曲地区、盘锦市、日喀则市、伊春市、南阳市、阜新市、延安市、阳泉市、鸡西市等51个城市（地），这两项都表现不佳，两项加总的总分低于12分。

（七）研究总结

本章基于《中国城市住房公积金高质量发展指数2020》和各地市住房公积金2019年年报数据，对2019年全国341个城市（地、州、盟）的住房公积金发展情况进行了全景式的分析，从发展规模、发展增速、发展结构、资金利用率、资金效益和资金安全六个维度进行了全面的梳理和评价，得出以下主要结论。

第一，经过验证，一个城市住房公积金资金池的规模、结构、增长及提取和贷款利用等方面的数据，确实可以作为"晴雨表""温度计""风向标"，反映其住房市场的发展情况和活跃程度，对判断该城市的住房市场运行情况及未来趋势有重要的参考价值。

具体来说，住房公积金缴存额可以直观反映一个城市的经济发达程度，住房公积金缴存单位数可以直观反映一个城市的正规化经济活跃程度，住房公积金实缴职工数可以直观反映一个城市的有效人气，住房公积金缴存单位非国有部门占比体现当地的非国有经济发展成熟度，住房公积金个贷笔数可以折射一个城市房地产购房市场的人气热度，住房公积金个贷金额可以折射一个城市房地产购房市场的价值容量，住房公积金缴存额增长率与所在城市经济发展趋势高度正相关。此外，住房公积金缴存单位增长率与一个城市正规化经济发展趋势高度正相关，住房公积金实缴职工增长率可以反映一个城市人气吸引力趋势，住房公积金个贷笔数增长率可以反映一个城市购房市场的人气变化，住房公积金个贷金额增长率可以反映一个城市购房市场的热度变化，住房公积金个贷平均每笔金额可以体现当地房价高昂程度，公积金个贷笔数户型结构可以反映当地住房需求结构。进一步，住房公积金提取分类占比能反映就业群体的年龄结构，住房公积金提取用于租赁金额可以反映一个城市的租赁市场容量。

第二，总体上大城市的住房公积金发展质量更好，但也有一部分中小城市的住房公积金发展取得了较高质量的成绩。大城市的住房公积金发展规模大，发展增速不低，往往管理水平较好，同时发展结构、资金利用率、资金效益和资金安全等指标都表现不错。比如，在《中国城市住房公积金高质量发展指数2020》总排行榜排名前十的上海市、深圳市、杭州市、南京市、北京市、无锡市、温州市、宁波市、大连市、南通市，在住房公积金发展各个维度的表现都比较优秀或良好。

第三，一个城市住房公积金事业的发展，不仅取决于先天条件，与当地政府和管理机构的主观努力也有着高相关性。比如，一个城市的主管部门在住房公积金缴存扩面上是否愿意下大力气进行投入，是否敢于改革创新和采取超常举措，是否有意识推进使用政策的亲民性，是否高度重视服务效率的提升、风险防范的严密和加快信息化水平等，都会影响一个城市住房公积金发展情况在全国的相对位次。

第四，各地住房公积金的发展情况与所在地经济社会发展的整体趋势保持同步。与区域之间经济发展、劳动力增长和住房市场所出现的分化一样，各城市之间的住房公积金发展也开始出现较大分化。东部发达地区和中西部省会城市的住房公积金发展仍然蓬勃向上，缴存规模和个贷发放、提取利用的增长率保持较高水平。但在中西部地区和东北地区，不少城市住房公积金发展出现低迷徘徊，甚至较高程度的萎缩。

第五，大多数城市的住房公积金资金使用率较高。资金使用率受多种因素影响。公积金资金使用率受当地住房市场状况影响较大，也受就业者年龄结构影响，但当地住房公积金贷款与提取使用政策也发挥了较大的影响。

第六，总体而言，我国各地住房公积金的增值收益率普遍都不高，增值收益能力都需要尽快提高。此外，住房公积金增值收益的归属与分配，在各地还没有形成统一规范，并存在不同的认识。研究也发现，一个城市公积金实缴职工人均增值收益，与当地经济发展水平和人均缴存额等因素没有太多直接关系，受当地公积金管理中心的资金运作能力影响较大。

第七，总体来看，住房公积金的资金安全性，与资金利用率之间存在较高的替代性矛盾。但也有一些地市，在两项上都表现不错。还有一些地市，在两项上都表现不佳。住房公积金资金安全性的一些指标，并不完全取决于当地住房市场景气程度、个贷率高低等因素，也在较大程度上受到当地公积金管理中心的资产安全管理策略影响。

第八，大多数地市的住房公积金流动性都偏紧张，更有很高比例的地市暴露出相当严重的资金入不敷出的流动性风险。对于住房公积金流动性安全严重过低的地市，要给予高度重视和关注，提前做好预案和政策储备，以免社会公众产生对住房公积金系统可靠性的怀疑。

附录　中国城市住房公积金高质量发展评估的指标体系及构建

本部分对《中国城市住房公积金高质量发展指数2020》

(以下简称《指数》) 的指标体系及构建进行概要性介绍，详情请见《指数》报告全文。

1. 中国城市住房公积金高质量发展评估的指标体系

《中国城市住房公积金高质量发展指数 2020》的指标体系共有发展规模、发展增速、发展结构、资金利用率、资金效益和资金安全六大维度的六个一级指标，二级指标有 30 个。构成指数的指标体系如附表 5-1。

附表 5-1　中国城市住房公积金高质量发展指数的指标体系

一级指标	二级指标	计算公式（均做归一化处理）	分值	性质
发展规模			15	
	缴存额	当年缴存额取对数	2	正指标
	缴存单位	当年末缴存单位数取对数	2	正指标
	实缴职工	当年末实缴职工取对数	2	正指标
	提取额	当年提取额取对数	2	正指标
	个贷笔数	当年发放公积金个贷笔数取对数	2	正指标
	个贷额	当年发放公积金贷款额取对数	2	正指标
	市场占有率（%）	当年公积金个贷新增额/当地全部个人住房贷款新增额	3	正指标
发展增速			15	
	缴存额增长率（%）	当年缴存额增加值/上年末缴存余额	3	正指标
	缴存单位增长率（%）	当年缴存单位增加数/上年末缴存单位数	3	正指标
	实缴职工增长率（%）	当年新开户职工/上年末实缴职工	3	正指标
	提取额增长率（%）	当年提取额同比增长率	2	正指标
	个贷笔数增长率（%）	当年公积金个贷笔数同比增长率	2	正指标

续表

一级指标	二级指标	计算公式（均做归一化处理）	分值	性质
	市场占有率增长率（%）	当年公积金个贷市场占有率增长率	2	正指标
发展结构			20	
	缴存单位平均实缴人数（人）	当年实缴职工数/缴存单位数	3	负指标
	非国有单位占比（%）	当年缴存单位中的非国有单位占比	3	正指标
	非国有职工占比（%）	当年实缴职工的非国有单位职工占比	3	正指标
	中低收入职工占比（%）	当年实缴职工的中低收入职工占比	1	正指标
	中小户型个贷占比（%）	当年个贷笔数中支持购买144平方米以下住房占比	3	正指标
	首套房个贷比（%）	当年个贷笔数中首次申请贷款职工占比	3	正指标
	住房消费提取占比（%）	本年度提取额中住房消费提取占比	2	正指标
	住房消费提取中租房提取占比（%）	本年度住房消费提取中租赁住房占比	2	正指标
资金利用率			15	
	住房消费提取额与缴存额比（%）	当年住房消费提取额/当年缴存额	5	正指标
	个贷率（%）	当年末个贷余额/当年末缴存余额	5	正指标
	资金使用率（%）	（当年提取额+当年个贷发放额）/当年缴存额	5	正指标
资金效益			15	
	增值收益率（%）	当年增值收益/当年末缴存余额	5	正指标
	人均增值收益（元）	当年增值收益/缴存人数	5	正指标

续表

一级指标	二级指标	计算公式（均做归一化处理）	分值	性质
	费用率（%）	管理费用/当年末缴存余额	5	负指标
资金安全			20	
	贷款逾期率（‰）	贷款逾期额（6期）/个人贷款余额	5	负指标
	准备金率（%）	风险准备金余额/个人贷款余额	5	正指标
	流动性安全（%）	（当年缴存额+当年业务收入+贷款回收额-当年提取额-当年业务支出）/贷款发放额	10	正指标

2. 数据来源及数据清洗

构成指数的数据都来源于各地住房公积金管理中心2019年年报中的相关数据。公积金信息化（西安）研究中心与燕山大学（中国）住房公积金研究中心联合主办的中国住房公积金门户网站（网址：http：//www.zggjjw.com）对近年各地年报进行了汇总上传，方便社会各界进行查询。

3. 指数构建过程

按照通常的指数构建惯例，在指数构建过程中进行了两个重要的数据处理。一是对原始数据进行"缩尾"，以避免极端值对结果的过度影响；二是进行"归一化"，以让不同量纲的数据可以比较。具体计算过程见《指数》报告。

4. 指数计算及排名

指数采取专家论证后的主观赋权法。当原始数据清洗完又进行缩尾和归一化处理后，依据附表5-1中的指标体系及相应权重给予赋值。将每一座城市各个指标的取值乘以这个指标的分值就得到了这个城市的指数分值。在完成总排名后，又分别计算了六大一级指标的单项排名，及按照城市规模分组的分列排名。

六 品质住房：消费者住房消费趋势

2020年，在疫情的冲击之下，消费者购房的偏好和行为发生了哪些趋势性变化？如何看待这些变化？

2020年，受新冠肺炎疫情冲击，经济逆全球化态势愈加明显，与此同时，中美博弈进一步加深。在此情形下，住房消费作为最大内需引擎器，顺应消费升级趋势，以北京、上海、深圳、广州及杭州等为代表的头部城市存量房市场住房改善消费趋势明显。人口流动趋势分化明显背景下，住房消费城市间分化、城市内区域分化趋势明显；消费趋势从"居者有其屋"向"居者优其屋"升级，消费者对居住品质提出了更高需求；主力消费人群年轻化趋势明显，"她经济"持续走强。与此同时，一些城市房地产二级市场仍存在结构性过热情况，但"房住不炒"理念已深入人心，在市场平稳的预期影响下，住房消费行为正逐步向理性回归。

（一）城市分化：人口向头部城市集中，城市群效应更加明显，城市鸿沟进一步拉大

2020年，随着疫情逐步受到控制，一线城市房地产市场修复力度强于二线。细分到新房市场，2020年11月一线城市新房

市场成交量基本恢复到2019年同期水平，二线以下城市2020年1—11月累计成交量同比出现不同程度下滑。从二手房市场来看，广州、上海、北京链家成交累计同比增速排在重点18城靠前位置，其中广州增速居首。

城市群效应更加明显。新房交易向城市群集中，2010年京津冀、长三角、珠三角三大城市群成交占全国比重31.6%，至2020年上半年集中度提高至41.1%。其中，长三角城市群2019年市场贡献率显著增长至23.2%，较2010年提高约8个百分点，2020年1—7月成交占全国比重进一步提升至27.9%（见图6-1）。二手房市场方面，环沪、环深城市群累计成交同比增速排在最前，分别增长了21.1%和12.3%；环渤海城市群总体追平2019年，廊坊、天津等城市修复不足，累计成交同比降幅较大，影响区域整体水平。

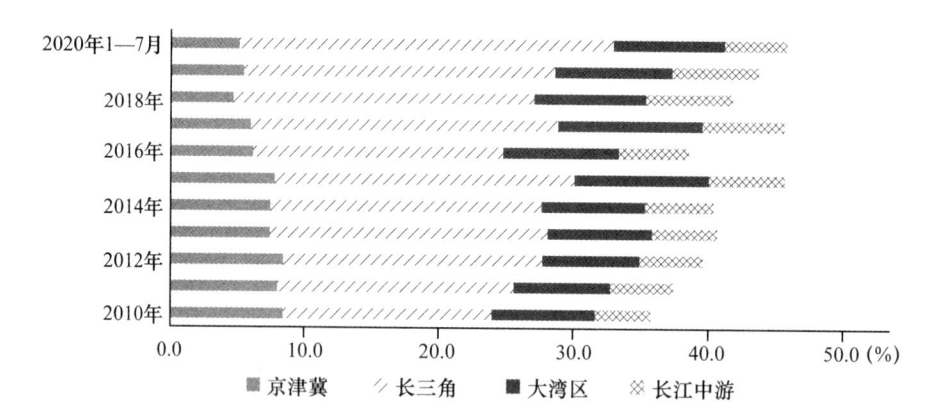

图6-1 2010年以来重点城市群商品住宅销售额全国占比变化
数据来源：贝壳研究院。

市场动力与人口流动相呼应。在"房住不炒"背景下，人口因素对城市住房需求的影响不言而喻，2019年珠三角、长三角城市群总常住人口分别同比增加177.65万人、178.96万人（见图6-2），同比增幅分别为1.46%、0.79%，在所有城市群中表现亮眼。外来人口流入为市场带来源源不断的购房需求，尤其是珠三角地区外来人口置业需求最为显著。

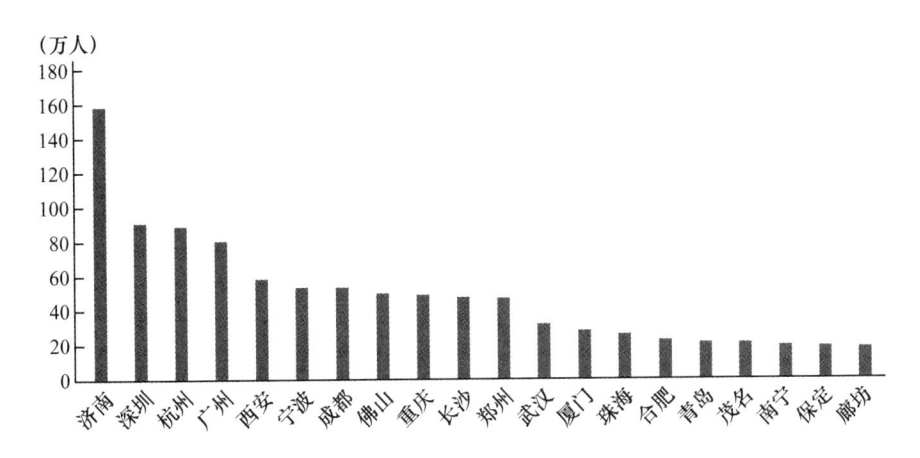

图 6-2 2017—2019 年常住人口增长 TOP20 城市

数据来源：贝壳研究院。

人口流动差异表现在居住消费上，是不同城市跨城购房客户的差别。贝壳找房数据平台显示，绝大部分重点城市以省（市）内客户购房为主导，郑州、合肥、长沙、武汉、成都等城市对省内人口表现出较强的虹吸效应，省内购房客群占比达八成以上，省内非本市购房人群占比也超过五成。而深圳、北京、上海作为城市群核心城市，对省（市）外的人口虹吸效应较大，购房人群中外地客户占比较高（见图 6-3）。

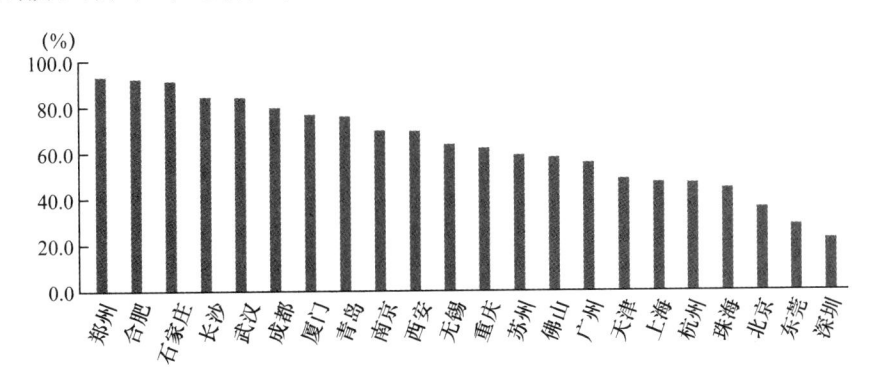

图 6-3 2020 年重点城市购房客群中省内客户占比

数据来源：贝壳研究院。

(二) 客群趋势:"她经济"持续走强,新一线城市女性购房群体年轻化

2020 年住房消费市场主力消费人群更新的一个趋势是"她需求"走强,女性购房占比进一步提高。2020 年 30 个重点城市整体女性购房占比 47.54%,较 2017 年高出 2.01 个百分点。

表 6-1　　2017 年以来重点城市①女性购房占比

行标签	男	女
2017 年 12 月 31 日	54.46%	45.54%
2018 年 12 月 31 日	54.18%	45.82%
2019 年 12 月 31 日	53.74%	46.26%
2020 年 12 月 31 日	52.45%	47.55%

中青女性是主要增长点,2020 年 30—39 岁女性购房客群占比为 49.46%,较 2017 年提高了 3.91 个百分点明显高于其他年龄段。随着女性受教育程度越来越高,当代年轻女性收入水平不断提高,但受制于住房成本、限购政策等,24 岁以下女性购房占比变化不大,25—29 岁女性占比呈下降趋势,而有一定财富积累的中青年女性的购房需求不断增强。

表 6-2　　2017 年以来各年龄段女性购房占比变化

行标签	24 岁以下	25—29 岁	30—39 岁	40—49 岁	50 岁以上
2017 年 12 月 31 日	5.44%	24.87%	45.55%	12.95%	11.18%

---

① 30 个重点城市:一线城市包括北京、上海、广州、深圳;新一线城市包括成都、重庆、天津、武汉、杭州、南京、苏州、西安、郑州、合肥、沈阳、东莞、青岛、长沙、佛山;二线城市包括大连、济南、烟台、宁波、长春、石家庄、南通、惠州、廊坊、无锡、厦门。

续表

行标签	24岁以下	25—29岁	30—39岁	40—49岁	50岁以上
2018年12月31日	4.77%	23.97%	46.85%	12.07%	12.33%
2019年12月31日	5.30%	24.11%	47.83%	12.90%	9.85%
2020年12月31日	4.80%	22.55%	49.46%	13.84%	9.35%

城市购房消费"她需求"走强有差异，一线城市女性购房占比变化不大，2018—2020年3年间上升了1.92个百分点（30个重点城市平均上升了1.73个百分点），其中上海、深圳分别上升了2.82和2.68个百分点；新一线城市中，东莞女性购房需求增长最快，2018—2020年上升了8.32个百分点；南京、苏州、杭州、合肥4个长三角地区的新一线城市住房消费"她需求"也崛起较快，3年间上升幅度均明显高出30个重点城市平均水平。

表6-3　　　　2018—2020年分城市女性购房占比①变化

	女性占比变化（百分点）
北京市	1.25
成都市	-0.66
大连市	2.74
东莞市	8.32
佛山市	0.71
广州市	0.94
杭州市	4.35
合肥市	4.07
惠州市	2.43
济南市	6.59

① 女性占比变化 = 2020年客群中女性占比—2018年客群中女性占比

续表

	女性占比变化（百分点）
廊坊市	0.89
南京市	5.06
南通市	5.84
宁波市	0.23
青岛市	2.39
厦门市	4.23
上海市	2.82
深圳市	2.68
沈阳市	5.62
石家庄市	2.60
苏州市	5.64
天津市	2.72
无锡市	1.59
武汉市	1.97
西安市	2.85
烟台市	3.41
长春市	1.97
长沙市	-0.36
郑州市	0.28
重庆市	3.60

分城市看，2020年女性购房客户中，新一线城市成都30岁以下女性占比最高，达到了41.17%；15个新一线城市女性购房客群中，有10个城市30岁以下女性占比达到了30%以上。整体看，2020年"她需求"在城市间存在年龄差，一线城市的"她需求"主要由30—39岁的中青年女性支撑，女性客群中30岁以下占比均不足三成；新一线城市的"她需求"虽然仍以80后女性为主力，但30岁以下女性购房需求明显更强。

表6-4: 2020年分城市各年龄段女性购房占比变化

行标签	24岁以下	25—29岁	30—39岁	40—49岁	50岁以上
北京市	1.32%	14.82%	53.46%	15.41%	14.99%
上海市	1.64%	19.10%	49.73%	15.15%	14.38%
深圳市	1.66%	20.78%	60.23%	13.00%	4.32%
广州市	3.76%	24.39%	50.96%	13.19%	7.70%
成都市	8.04%	33.14%	42.51%	10.17%	6.15%
杭州市	6.19%	29.45%	46.01%	10.15%	8.20%
合肥市	5.36%	26.03%	52.23%	11.63%	4.74%
南京市	6.15%	24.91%	45.44%	13.04%	10.47%
青岛市	5.36%	21.09%	52.03%	12.28%	9.23%
沈阳市	6.49%	20.20%	46.56%	15.07%	11.67%
天津市	1.99%	11.76%	53.09%	20.73%	12.43%
武汉市	7.59%	26.79%	44.36%	10.83%	10.43%
西安市	6.35%	27.32%	49.26%	11.62%	5.47%
长沙市	7.92%	25.31%	43.35%	10.73%	12.70%
郑州市	5.94%	26.32%	51.11%	10.90%	5.74%
重庆市	8.13%	29.78%	41.40%	13.04%	7.64%
东莞市	3.68%	18.00%	57.28%	16.16%	4.89%
佛山市	5.20%	22.02%	51.40%	15.66%	5.72%
苏州市	6.78%	26.33%	49.59%	10.69%	6.62%
大连市	4.38%	16.16%	50.93%	18.88%	9.65%
惠州市	4.43%	19.52%	47.17%	17.31%	11.57%
济南市	4.12%	18.39%	56.58%	11.78%	9.12%
廊坊市	2.89%	15.99%	57.68%	17.58%	5.86%
南通市	5.14%	18.07%	46.30%	19.20%	11.29%
宁波市	4.70%	19.86%	51.21%	15.21%	9.03%
厦门市	2.96%	14.95%	56.66%	17.16%	8.26%
石家庄市	3.23%	18.41%	56.28%	14.87%	7.21%
无锡市	5.37%	20.47%	48.34%	16.97%	8.85%
烟台市	4.45%	15.32%	55.40%	16.17%	8.65%
长春市	5.17%	18.81%	43.18%	19.38%	13.45%
整体平均	4.80%	22.55%	49.46%	13.84%	9.35%

（三）改善趋势：居住品质追求

房地产行业经过 20 多年高速发展，居民住房水平明显提高，住房整体短缺的局面结束，消费者开始从"居者有其屋"向"居者优其屋"升级。

改善趋势反映到住房消费上首先是房地产成交面积总量下滑。2020 年 1—11 月 66 城新房市场累计成交套数同比下滑 5.2%，成交面积累计同比下滑 5.4%。从居民人均住房建筑面积来看，2019 年，城镇居民人均住房建筑面积达到 39.8 平方米（见图 6-9），农村居民人均住房建筑面积达到 48.9 平方米。人们对于房屋居住属性的需求矛盾得到缓解，开始对房子赋予更多精神层面的东西，房子的功能定位得到不断提升和变化。

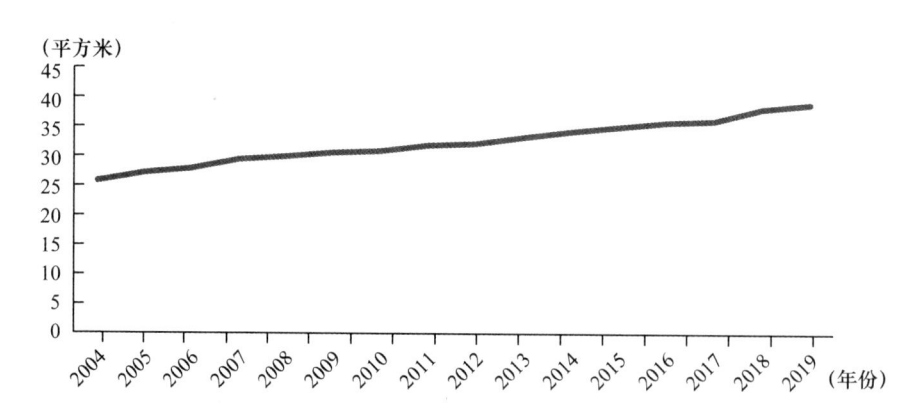

图 6-4 2004 年以来中国城镇人均居住面积变化

数据来源：国家统计局，贝壳研究院整理。

居住升级涵盖了居住空间的改善与居住品质的提升。2020年，全国 30 个样本城市购买三居及以上产品的客群占比 32.04%，连续两年提升，较 2018 年增加了 3.67 个百分点（见图 6-5、图 6-6）。其中 2020 年新一线城市购买三居及以上产品客群占比 40.52%，比一线城市高出 15.12 个百分点。改善型住房需求持续释放，消费者在空间上住得更加宽敞。

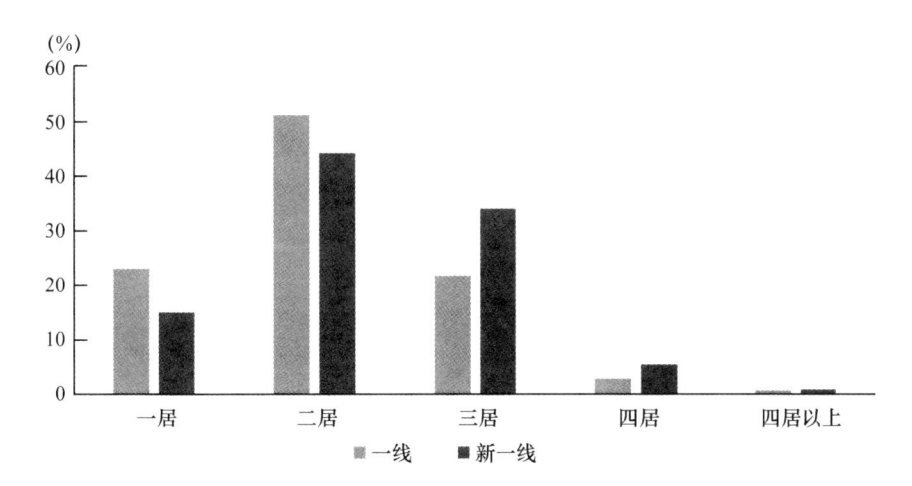

图6-5 2020年不同等级城市成交产品类型占比

数据来源：贝壳研究院。

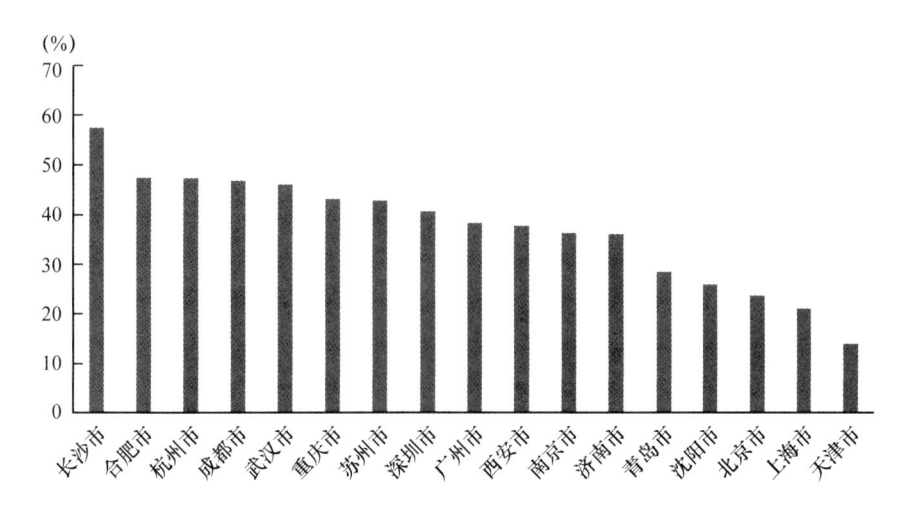

图6-6 2020年重点城市三居室及以上产品成交量占比

数据来源：贝壳研究院。

另外，消费升级品质居住成为新刚需，人们已经不仅仅满足于房屋的居住属性，对居住环境、房屋品质、小区配套等诸多方面提出更高要求。以楼龄为例，2020年重点城市购买楼龄在10年以内的购房客群占比46.5%，较2017年提高15.7个百分点。此外，2020年成交房源小区配套、物业服务方面也均有不同程度提升（见图6-7、图6-8）。

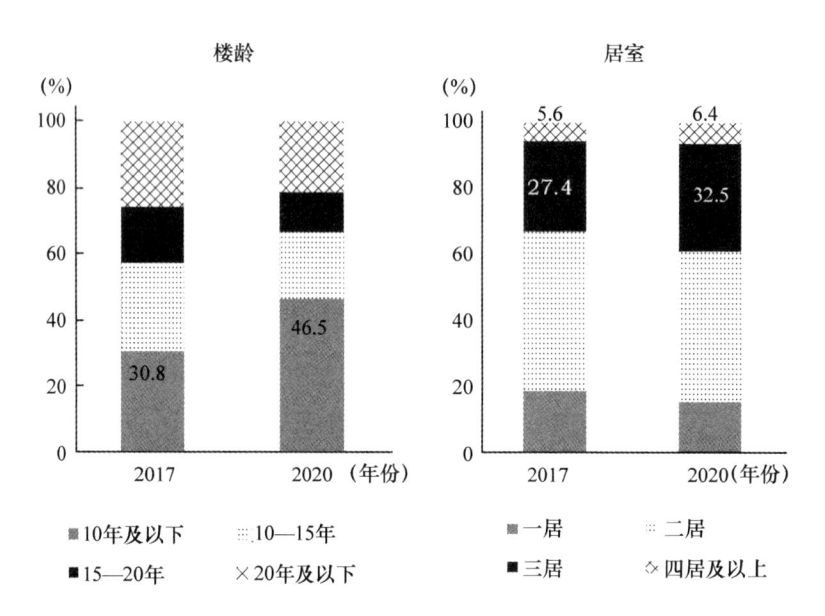

图6-7 消费者购买房源楼龄与居室结构变化

数据来源：贝壳研究院。

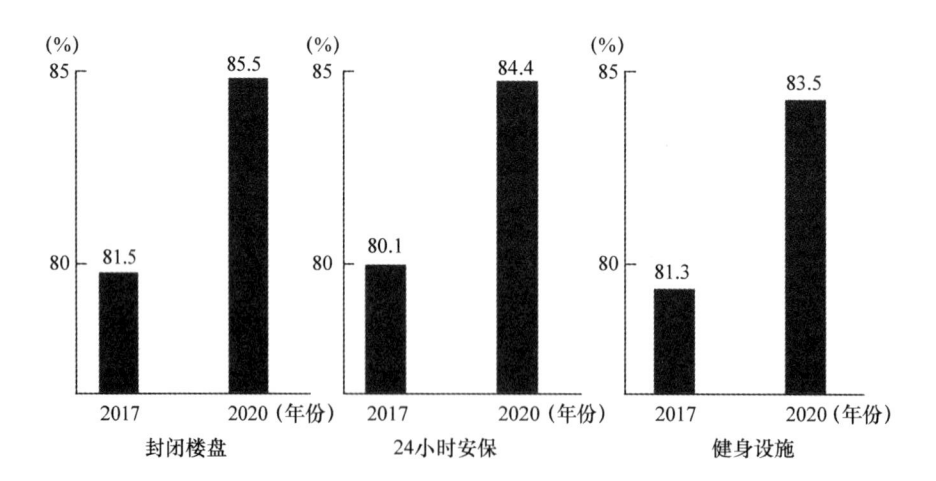

图6-8 消费者购房时对小区品质的需求变化

数据来源：贝壳研究院。

城市住房改善趋势也反映在置换行为中，以北京为例，换房客群中八成以上为改善需求，换房前后房屋总价平均增加159万元，面积平均增加24.7平方米；此外，核心城区因为拥有更优质的配套资源，中心吸引现象明显，在城市跨区换房行为中，大多从周边城区往核心城区置换，比如从北京的顺义区、昌平区、大兴区、通州区向海淀、西城、朝阳等城区置换；相反，从核心城区往外城置换意愿并不强烈。在2020年疫情影响下，多个大城市核心区域起到中流砥柱的作用，价格稳步上涨。

可以预见，随着人口红利的消失，来自人口增长和人口迁移的首次置业需求减弱，住房消费的主要矛盾，已经从过去的房子不够、房子短缺，进入到好房子不够、住房条件不能满足老百姓对美好生活的需要，未来居住升级改善需求必然会带动房地产价值链和产业链的升级和发展，在未来住房消费市场中潜力较大。

（四）消费预期：消费者回归理性，看稳看长形成预期

2020年疫情虽然带来了空前的不确定性，但在住房消费方面，坚持"房住不炒"的大政策并未松动。2020年各地因应楼市变化因城施策，杭州、深圳、南京等19城加码22条房地产市场相关调控政策。

住房消费正在不断回归理性。在"房住不炒"楼市高压调控之下，购房客户也逐渐向理性回归，对楼市看稳成为主流消费预期。在贝壳研究院2020年11月份的2020年购房者消费调查中，超八成受访者认为自己所在城市未来1年房价预期持平或微涨（见图6-9）。

在过去市场快速上升的时期，大部分消费者被快速的市场预期裹挟，并没有太多的时间来考虑选择。但在"房住不炒"

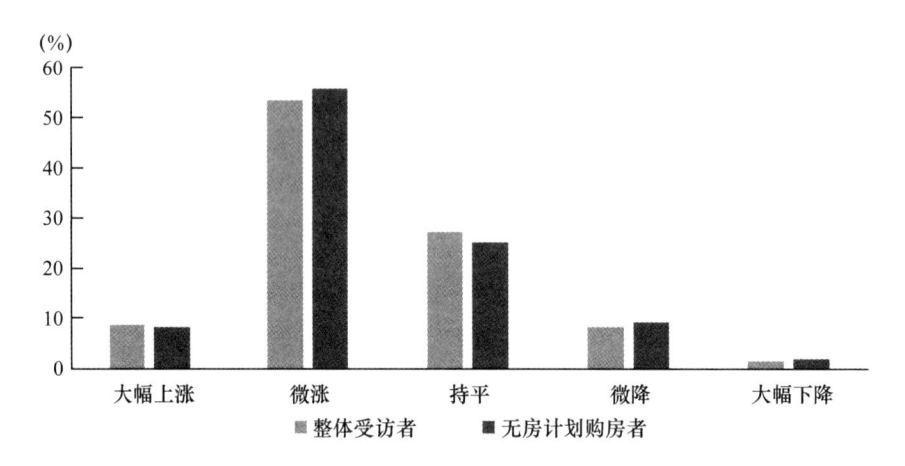

图 6-9　2020 年消费者购房调查——房价预期

数据来源：贝壳研究院。

政策环境下，消费者购房心理变得比以往更加理性，反映在住房消费过程中，大部分样本城市客户购房成交周期都达到了阶段高点，2020 年 30 个重点城市购房客户平均成交周期在 40 天左右，比 2017 年增加了近 20 天（见图 6-10、图 6-11）。

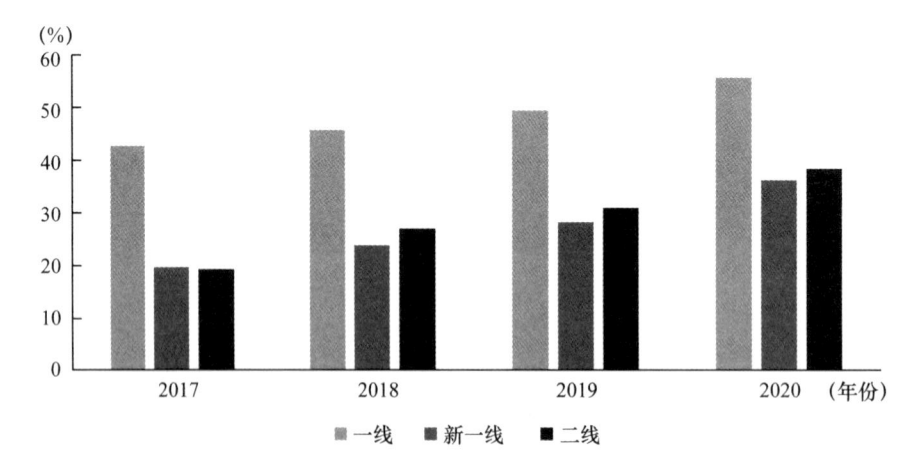

图 6-10　不同等级城市购房成交周期变化

数据来源：贝壳研究院。

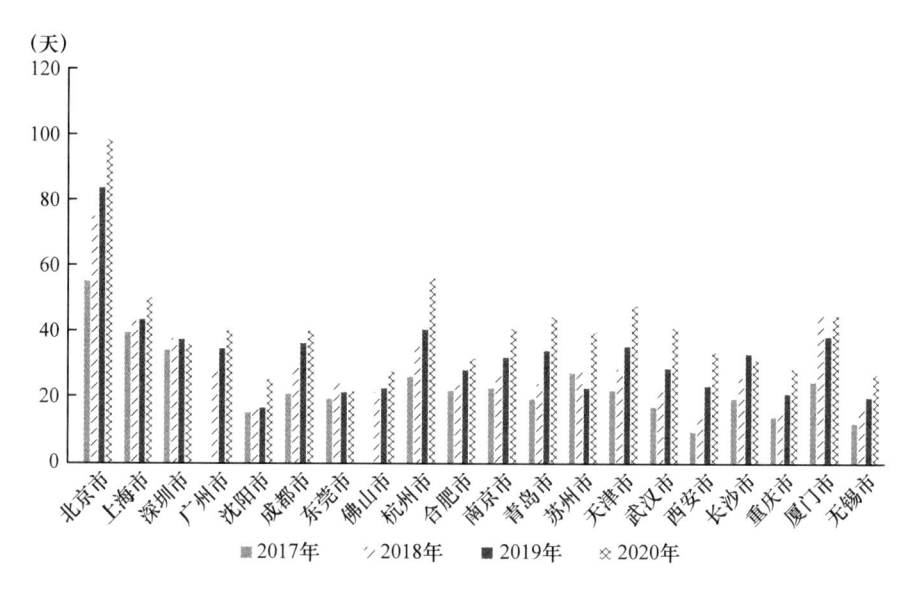

图 6-11 2017 年以来典型城市购房成交周期变化
数据来源：贝壳研究院。

同时，消费者回归理性也体现在购房行为更加谨慎。相比之前，如今消费者在购房成交前会充分浏览意向房源，做出更充足的准备。2020 年重点城市购房客户成交前平均浏览房源量是 2017 年的 2.5 倍，北京购房客户平均浏览房源量是 2017 年的 5.3 倍，消费者购房谨慎思维逐渐凸显。

（五）线上行为：消费者对互联网依赖度更强

新冠肺炎疫情让 2020 年初的楼市进入了"冷冻"状态，但也让消费者线下消费的习惯被改变。住房消费正经历一场由线下到线上线下结合的迁移变革。从成交前浏览房源、IM 咨询、带看等准备工作，再到交易中的签约、贷款核实等环节，消费者购房全流程均已实现不同程度线上化渗透。

VR、AR 技术与房屋销售相结合，成为线上营销黑科技。消费者对 VR 看房的使用并没有随着疫情解封而下降，VR 看房已经成为消费者购房的必选流程。截至2020年1—9月，VR房源累计浏览量9.6亿次；2020年第三季度，日均发起VR带看19万次，环比第二季度增长21%，是去年同期规模的12.8倍。

消费者线上转化趋势明显。年初受疫情影响，不少房企线下销售急剧冰封，纷纷采取线上销售的方式来缓解阶段性销售压力，但疫情只是让消费者线上转化现象更明显，客从线上来已是近年来住房消费的趋势之一。2020年重点城市购房客群中，平台客源来自线上的比例达到57%，相较2017年增长近15个百分点（见图6-12）。

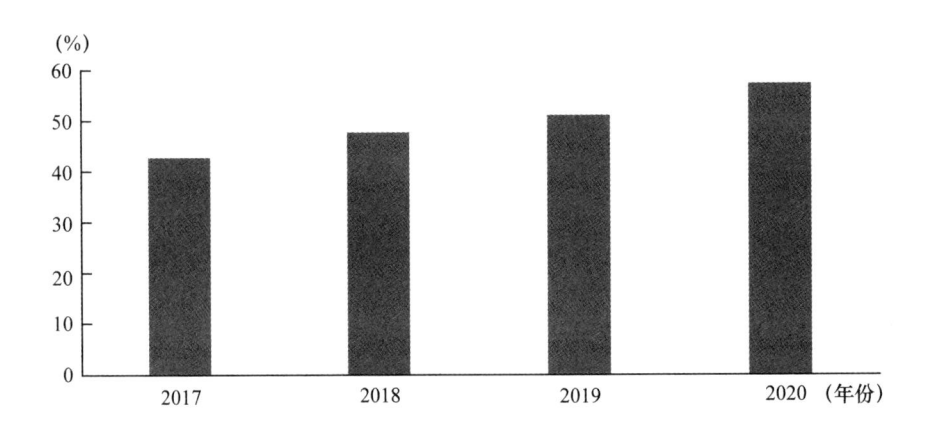

图6-12 2017年以来重点城市线上转化客源占比

数据来源：贝壳研究院。

消费者线上活跃度有显著的提升。2020年每一个购房客户成交前平均需要IM联系近9位经纪人、IM次数平均达80次，较2017年实现了多倍的增长（见图6-13）。虽然互联网以社交、直播等各类形式提供了丰富的楼市信息，但经纪人和专业平台仍然是消费者获取房源信息的最主要来源地，购房线上行为选择中，消费者对信息的质量关注度会远远大于流量。

虽然房屋属于一种大宗非标商品，在成交服务中，线下渠道不可能被线上所取代，但总的来看，消费者对线上工具的依赖度明显增强，住房消费行为线上化是时代所趋。

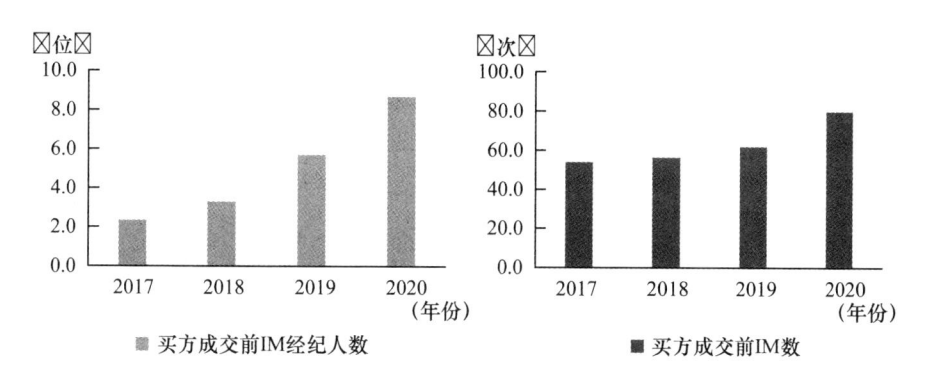

图 6-13 2017 年以来客源线上咨询量变化

数据来源：贝壳研究院。

附录 大湾区核心城市跨城购房趋势

一个区域的政策或相关因素变化，会影响到周边市场的需求变化，进而影响房价。这一点在大湾区市场很好地体现出来。城市之间的买房客户会相互转化，大湾区城市间的溢出比较大，与全国其他城市相比也是一样。深圳政策的变化，挤压了一部分购房需求到外围的城市，形成了需求的流动，如广清、深莞的市场影响。

笔者使用轨道交通单日车次数量进行大湾区交通连接空间结构描述。连接两经济极点的广—深轴带成为大湾区核心交通连接。核心极点与次级经济中心城市连线同样呈现较强连接度，包括广—佛、深—莞、广—莞轴带，三、四线城市与其余各级城市均呈现较弱连接度，整体空间格局上呈现"东强西弱"的特征。

通过购房者工作城区定位确定购房者常住城市，以深圳、广州、东莞、佛山、惠州核心五城为研究对象，研究珠三角城市群的跨城市购房行为。

第一，经济能级更低城市购房人跨城职住比例更高。惠州、东莞、佛山跨城职住占比超过20%，惠深、莞深、佛广三大主要流向。核心城市深圳、广州购房者中跨城购房占比较低，在13%—14%之间。居住深圳购房人的主要通勤流向城市为东莞，占比3%；广州购房者的主要通勤流向城市为佛山，占比4%。次级中心佛山、东莞跨城购房占比分别为23%、26%。佛山购房人跨城购房来源于广州市，占整体购房人的16%。东莞购房群体中的最主要外来购房者来自深圳市，占整体购房人的18%。惠州市跨城购房者占比高达62%。其中通勤深圳方向的购房人占比45%。

第二，居住城区沿市界分布特征明显。惠州跨城购房人购房房源所在位置主要分布在靠近深圳市大亚湾（65%）、惠阳区（31%）。深圳购房者中来自坪山区的客户占比26%。莞深跨城购房人中，深圳人占东莞整体购房人总数的接近两成。购房房源所在位置主要位于市域交界虎门镇（15%），其次为东南向行交界区凤冈镇（11%）。深圳购房者来源中，宝安区居于首位，占比接近四成。佛广跨城购房者中房源所在地主要集中于南海、顺德两区，占比分别为53%、21%。

随着深莞一体化的发展，东莞房地产市场热度提升，投资需求增加。从客户投资自住情况来看，2015年以前东莞的投资客只有三五个，其他百分之八九十都是刚需客户，自住为主。2015年以后投资客逐渐多起来。2019年到2020年是东莞房价上涨最大的一波。2019年开始提出粤港澳大湾区，深圳东莞融合，投资转自住比较明显。

佛山跨城置业或首改特征明显。基于"广佛同城化"规划导向、供给侧及库存稳定、人口净流入、市场基本无限制性政策等四方面因素，佛山房地产市场预期向好。在部分新房项目中，广州客户在整体成交客户中占比达到近50%，新房置业动机以首改为主。自从深圳和东莞限购政策出台后，佛山又活跃起来。

清远的客户以区域地缘刚需客户为主，来自广州花都、白云客户占比40%，其中近一半为返乡置业人群。从目前成交结构来看，外地纯投资客户占比不到10%。清远本地首置客户选择市中心二手房占比约60%，售价格因素影响外溢购置新房客户基本为"极刚需"人群。但是由于轻轨、磁悬浮等城际轨道交通基础设施建设速度缓慢，大型文旅项目建设速度同样缓慢，清远产业园进驻情况不理想等诸多原因，叠加人口净流出现状，预计未来市场不会有较大改善。

跨城购房的驱动力主要来自三个方面：

一是房价差。惠深跨城置业客户购房套均86.8平方米，套均总价95万元，使用2019—2020年成交均价测算，在深圳购置同等面积房屋总价约535万元，跨城置业同等面积房屋总价差440万元。按相同测算逻辑发现，莞深跨城置业客户购买房屋套均面积85.7平方米，跨城置业总价差360万元。佛广跨城置业客户购买房屋套均面积85.5平方米，跨城置业总价差116万元（见附图6-1）。

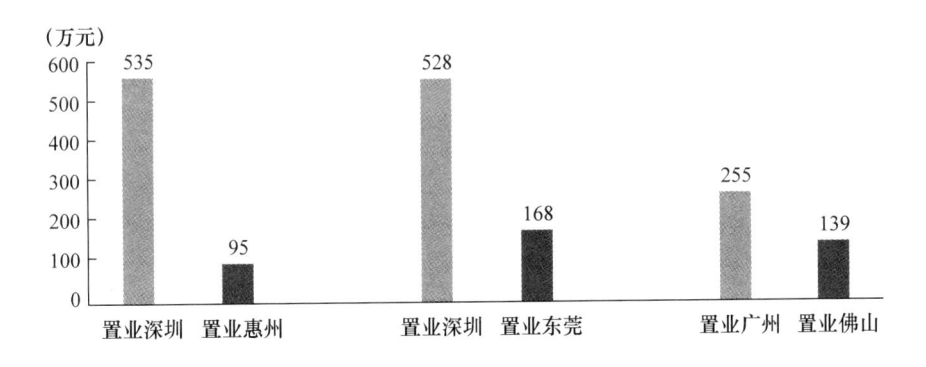

附图6-1 跨城置业套均总价差异

数据来源：贝壳研究院。

二是距离近。主流跨城职住路线单程通勤时间均在1小时内。按成交量加权平均，测算城区间跨城通勤路线平均通勤距离、通勤时间，惠深通勤人平均单程通勤距离55公里、通勤时间约53.6分钟；莞深购房人单程通勤时间37公里、约49.8分钟；佛广购房人通勤距离最短，为27公里、单程通勤时间约43.58分钟。主流跨城职住路线单程通勤时间均在一小时内。通勤距离及时间成本上惠深＞莞深＞佛广（见附图6-2）。

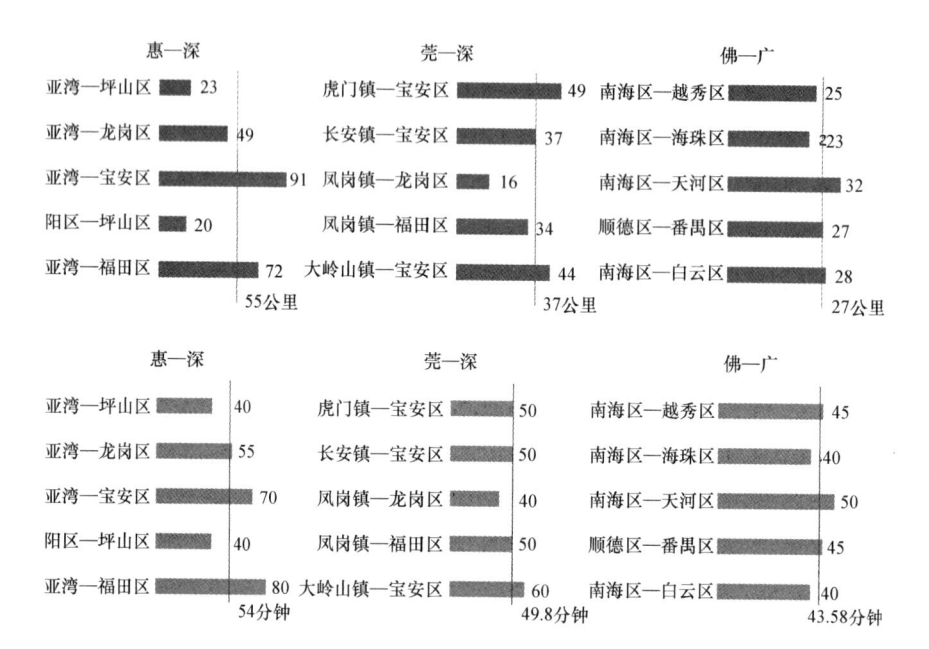

惠—深		莞—深		佛—广	
亚湾—坪山区	23	虎门镇—宝安区	49	南海区—越秀区	25
亚湾—龙岗区	49	长安镇—宝安区	37	南海区—海珠区	23
亚湾—宝安区	91	凤岗镇—龙岗区	16	南海区—天河区	32
阳区—坪山区	20	凤岗镇—福田区	34	顺德区—番禺区	27
亚湾—福田区	72	大岭山镇—宝安区	44	南海区—白云区	28
	55公里		37公里		27公里

惠—深		莞—深		佛—广	
亚湾—坪山区	40	虎门镇—宝安区	50	南海区—越秀区	45
亚湾—龙岗区	55	长安镇—宝安区	50	南海区—海珠区	40
亚湾—宝安区	70	凤岗镇—龙岗区	40	南海区—天河区	50
阳区—坪山区	40	凤岗镇—福田区	50	顺德区—番禺区	45
亚湾—福田区	80	大岭山镇—宝安区	60	南海区—白云区	40
	54分钟		49.8分钟		43.58分钟

附图6-2 主要跨城通勤城区路线通勤距离、通勤时间

说明：通勤时间大亚湾—宝安区路线结合访谈使用高铁结合公共交通方式估算，其余路线使用自驾车方式使用导航地图估算。

数据来源：贝壳研究院整理。

使用跨城购房总价差除以平均通勤时间，用于粗略衡量跨城职住人员消费行为选择下的单位通勤时间等值购房成本。测算发现，惠深跨城职住每分钟通勤时间等值总房款约8.2万元，居于首位，高于莞深7.22万元/分钟（见附图6-3）。

三是购房资格挤出推力。大城市的限购政策将购房者挤到周边城市临近区域。非本市户籍购房限制性政策，核心城市深圳、广东限制条件高于次核心城市东莞、佛山，高于第三能级梯队城市惠州（见附表6-1）。对于非本市户籍购房人的购房限制，成为跨城职住的向外推力。

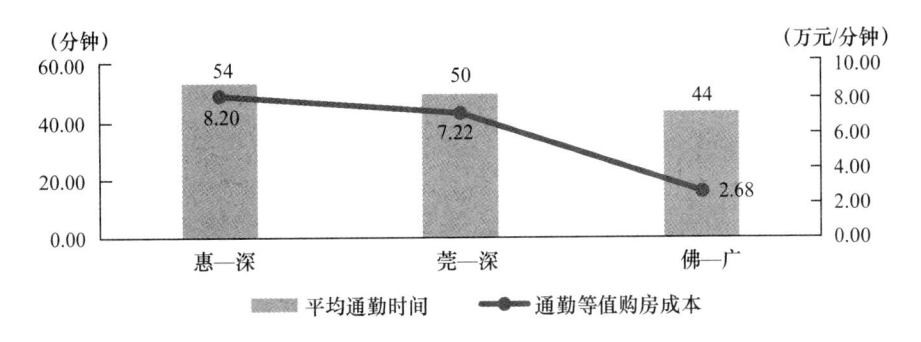

附图 6-3 单位通勤时间等值购房成本

数据来源：贝壳研究院。

附表 6-1　各城市非本市户籍购房人购房资格限制部分政策

城市	非本市户籍限购政策
深圳	非本市户籍家庭 5 年及以上在本市连续缴纳个人所得税或社会保险证明，限购 1 套
广州	非本市户籍家庭 5 年及以上在本市连续缴纳个人所得税或社会保险证明，限购 1 套，花都、黄埔、白云、南沙区均有人才政策
东莞	非本市户籍限购两套，首套社保或个税 1 年（本科半年）；二套社保或个税 2 年
佛山	非本市户籍限购区内限购 1 套，社保或个税满 1 年 粤佛山卡 A、B、C、T 卡限购区内限购 2 套
惠州	非本市户籍社保或个税 1 年

资料来源：贝壳研究院整理。

针对"跨城"，经历过"卧城""睡城"的单中心城市功能分离式开发建设模式，当前规划导向逐步走向区域统筹、产城融合、功能多元。有别于纯房价挤出的被动"跨城"，未来的"跨城"将是由经济链接带动、以产业为吸引的主动"跨城"。在产城融合、经济链接的土壤上自然生长的"跨城"职住结构，将逐步成为城市群内各城市间链接活跃度的投影。"十四五"规划建议提出优化行政区域设置发挥中心城市和城市群带动作用，加快城市群和都市圈轨道交通网络化。大湾区规划纲要更从轨道、枢纽、跨海大桥及机场建设等方面规划构建大湾区现代化综合交通体系。随着都市圈交通体系的成熟完善,将实现通勤距离的进一步外扩。预计未来跨城职住逐步成为城市群、都市圈职住趋势,而跨城职住空间结构将逐渐成为城市间链接紧密度的重要刻画维度。

七　营销革命：房产互联网营销带来价值链重塑

2020年，直播卖房、线上售楼处、VR看房等新的线上营销方式不断出现。如何看待这些变化？未来数字技术将如何改变营销场景？

早在20世纪末，eBay网率先开启通过互联网检索商品信息，并从线上发出购物请求，形成购买行为的网上购物模式。进入21世纪初，以淘宝网为代表的网络购物平台进入中国消费市场，由于其具有高效和便利的特征，网络购物方式快速发展和蔓延，成为当前主流的消费模式。

伴随网络购物的普及和发展，互联网营销应运而生。随着互联网技术的发展及其在日常生活中的普及和应用，互联网营销正在逐渐替代传统营销模式，传统的营销模式正在逐渐退出人们的视野。顺应消费线上化的趋势，商家不断将各式产品的销售和展示内容转移到线上，以期在激烈的竞争中保持竞争优势。

经过20年的发展，大部分产品都能够在线上完成交易，然而房地产交易由于其特殊性走在了线上化交易的最后。但是行业领先者经过近几年的努力，正在尝试将购房行为转移到线上，从而拓展客户触点，弥补传统营销展示功能的退化。如今，购房者买房前在网上对于房源进行对比筛选已成为必不可少的一环，已经相对成熟的房地产信息平台能够做到输入区位、面积、价格等因素对海量房源进行筛选和匹配，这与2000年以前的报纸分类广告的房产板块相较，已大大提升了选房效率。

同时，随着科技的发展，房地产营销模式也朝着更利于消费者操作的方向演变。从营销载体来看，由PC端升级到更便于操作、使用频率更高的移动端；从营销技术层面来看，部分行业内的先行者也由传统的"页面展示＆电话导客"的形式尝试向"VR看房"、数据可视化、人工智能等新的领域探索，力求更加全面和丰富地展示产品特征，进而提高平台使用价值，获取更多客户关注。

（一）房产营销步入互联网时代，特殊时期加速房产营销线上化进程

2020年春节前夕，新冠肺炎疫情在武汉爆发，并随着春节返乡潮的来临在全国蔓延。1月26日晚间，中国房地产业协会向会员单位及全行业发出号召，暂时停止售楼处销售活动，以最大化避免人群聚集，待稳定后再行恢复。这意味着对销售起到重要作用的售楼处不能被使用，房地产销售过程中的展示、谈判、交易、签约等重要环节都失去了场所，导致房地产销售进入冰封状态。于是，2020年本就承受偿债压力的房企处境更加艰难，加上1—2月是房地产销售淡季，据贝壳研究院统计，2020年2月全国66城商品房销售面积同比下降33%。更重要的是，何时能够恢复线下销售，以及能够恢复到什么程度都是未知数。于是房企意识到，房产营销线上化已经不再只是行业先行者的新模式尝试，而是关乎生存的重要模式突破。由此，各家房企纷纷开始自救，升级或开始打造自己的"线上售楼处"来维护原有客户，甚至打造品牌线上销售平台，以订房的形式展开"全民营销"，最大限度捕捉和锁定客户。

据不完全统计，龙头房企中有20家开展了相关工作，其中恒大和碧桂园早在2014年就开始使用自己的线上平台，功能上

包括线上3D展示（VR）、咨询、预约、客户登记等，以替代售楼处功能为主，甚至开发了客户推荐和意向签约的功能。同时，与第三方平台合作的情况也有所增加，渠道拓展成为2020年特殊时期的重要发展方向（见表7-1）。

表7-1　　2020年上半年前20房企互联网营销形式

排名	房企	APP/小程序/公众号	上线时间	升级时间	营销形式
1	碧桂园	凤凰通（凤凰云）	2014.8	2019.6	线上展示（VR）、咨询、预约、客户推荐、意向签约
2	恒大	恒房通（房车宝）	2014.11	2020.2	线上展示（VR）、咨询、预约、客户推荐、意向签约
3	万科	e选房/易选房	2017		线上展示（VR）、咨询、预约、客户登记、意向签约
4	保利	悦家云	2020.2	2020.7	线上展示（VR）、咨询、预约
5	融创	幸福通	2018.7	2019.5	线上展示、咨询、预约
6	中海	海客通	—		线上展示、咨询、预约、客户推荐
7	绿地	绿地爱家	2020.2	—	线上展示、咨询、预约、客户推荐
8	龙湖	龙湖u享家	2017	—	线上展示、咨询、预约、客户推荐
9	华润	华润置地售楼处	—	—	线上展示、咨询、预约、客户推荐
10	招商蛇口	招商好房	2020.3	—	线上展示（直播）、咨询、预约、客户推荐
11	世茂	世茂房产	—	—	线上展示、咨询、预约、客户推荐

续表

排名	房企	APP/小程序/公众号	上线时间	升级时间	营销形式
12	金茂	金茂粉	—	—	线上展示、咨询、预约、客户推荐
13	金地	金地好房	2020.2	—	线上展示、咨询、预约、客户推荐
14	新城	小新e房	2020.2	2020.8	线上展示（VR）、咨询、预约、客户推荐
15	绿城	绿城云	—	—	线上展示、咨询、预约、客户推荐
16	阳光城	阳光房宝	—	—	线上展示、咨询、预约、客户推荐
17	金科	金科美好	—	—	线上展示、咨询、预约、客户推荐
18	中南	中南锦时家云端售楼处	—	—	线上展示、咨询、预约、客户推荐
19	旭辉	旭客家	2020.4	—	线上展示、咨询、预约、客户推荐
20	中梁	梁房优选	—	2020.8	线上展示、咨询、预约、客户推荐

线上售楼处以项目展示和咨询为主要功能，缓解特殊时期无法线下看房的压力。近年来房企对自营互联网平台进行了许多尝试，在2014年碧桂园、恒大分别上线了"凤凰通"及"恒房通"，万科、龙湖、融创等房企也紧随其后，推出各自的线上销售平台。平台除了可以在线上提供自有品牌项目的相关信息检索和展示以外，还可以连接售后服务平台，整体以展示项目和维护客户为主要功能，与现有的房产信息平台类似，但是只能展示某一个品牌的项目。由于客户选房多以地段、价格为主要筛选条件，只以品牌为选择导向的客户仍为少数，这样只能

展示一个品牌的房企端 APP 在应用上受到了限制。即便有客户浏览，为了对比房源，还需跳转到其他品牌 APP，客户选房操作较为复杂，这也是客户很少直接选择使用开发商品牌销售平台选房的原因，多数仍然将其作为信息的检索补充渠道，或在销售人员引导下才会使用。

另外，从功能上来看，各家房企销售平台开发程度不同，能够实现的功能亦不同。只有少部分平台开始使用 VR 技术对售楼处及样板间进行展示，同时提供比较全面的项目信息，包括营销活动信息以及项目直播信息等。仍有大部分平台仅能提供少量项目信息，或仅提供联系电话，对于线下看房的替代作用较小。

可见，短期为缓解无法线下看房而发展起来"线上售楼处"，由于开发时间短、缺少产品经验和市场验证，线上平台实际的使用价值有限。加上品牌产品的局限性，一旦恢复线下看房，客户对于这类平台的依赖性将逐渐消失，平台也就失去了其存在的价值。

直营购房平台为拓展客户渠道开展"全民营销"模式。2020 年 2 月恒大利用恒房通开展"全民营销"与"78 折网上卖房"的销售模式，为其赢得不少的关注，也成为其他房企争相效仿的对象。恒大此种销售模式运营时间已久，短时间较难复制。从恒大销售业绩来看，2020 年上半年 3500 亿元销售额中有 2600 亿元是恒房通带来的，即 2020 年上半年有 82% 的销售额是互联网销售叠加优惠折扣带动的。

除了恒大，碧桂园在线上也取得了不错的成绩，3 月份线上销售带来每天的全口径销售额在 6 个亿以上。碧桂园早在几年前就开始做线上全民营销，2019 年开启线上直销，前期积累的经验在此次特殊时期发挥了重要作用。

此种模式在线下售房受阻的情况下，确实在短期内为开发商打开了销售渠道，弥补了销售收入，但从合规性角度来看，

"全民营销"模式有待商榷,毕竟非房地产经纪人的个人在法律上是不具备卖房资格的。其实,这种"全民营销"的卖房模式由来已久,而且从客户端中的"推荐有礼""全民营销"等板块可知目前房企"线上售楼处"的主要使用者为经纪人,而非购房者本身。因此"全民营销"只是开发商渠道营销的拓展版,未来是否可持续化发展还要看其在合规性方面的突破。

第三方电商平台以流量导客为主要优势加入房产营销线上化行列(见表7-2)。随着房企线上化营销的探索,使得第三方电商平台看到了新的营销契机。近些年,各大电商平台在"衣、食、行"的领域已发展得相对成熟,而在"住"的领域,一直处于探索的阶段,特殊时期加速了这些互联网公司对于房产频道的开发。与房企自营互联网平台相较,它们有自身的优势:第一,房源信息更为丰富,第三方电商平台与房企自营APP相较,可以展示更多的项目,客户在一个平台内实现对比选房的意愿更易实现,无须在多个开发商APP间进行跳转。第二,综合类产品电商平台长期积累了大量的客户,天然具备直接转化购房客户的渠道。第三,深度合作之下,电商平台的大数据资源如果为开发商所用,能够辅助匹配客户,提高销售效率。

表7-2 第三方电商平台网络营销情况

平台名称	房产板块	上线时间	营销模式
京东	京东房产	2017.10	线上展示(直播)、咨询、预约看房、支付意向金
苏宁	苏宁有房	2017.11	线上展示(直播)、咨询
淘宝	阿里房产	2010	线上展示(直播)、咨询、预约看房、支付意向金
乐居	乐居房产	2008	线上展示(直播)、咨询

从实际销售效果来看,从某房产平台"双十一"活动期间的数据显示,活动期间成交规模超900亿元,释放的房款优惠

补贴超16亿元，以公布的释放补贴及成交规模估算，整体优惠比例约为1.7%，实际优惠力度有限。第三方电商平台当前仍以营销推广及获客为主要功能，与传统房产电商渠道无本质差异，其项目展示性上仍不及已经发展完善的房产信息平台。因此，在线下带客渠道恢复正常以后，此种合作模式对于开发商和购房客户来讲其价值同样被削弱，在没有模式创新的情况下，不具备长期发展的能力。

（二）购房线上化的核心价值在于提效，未来品质竞争将更加激烈

相较于普通消费品的购买，购房需要消耗大量的时间和精力，受其地域性限制，需要消费者辗转多个销售现场进行比较，一次选房往往需要消耗数周时间。如同普通消费品的购买从商场转移到坐在家里线上购买一样，房产营销线上化将大大节省购房者消耗在看房路上的时间，将带给行业销售效率和购房体验的全面提升。同时，在房源初筛的过程中，第三方主观引导的干扰项将在线上信息的汇总和筛选中被剔除，房源初选的过程将更加理性和科学化，产品"硬实力"的比拼将更加激烈。对于开发商而言，线上化之路已经开启，行业惯性之下房企必然面临将房产销售的重点从"营销"向"产品品质提升"转化的过程。

但在此之前，房产营销线上化亦将面临严峻的挑战。线上化如果脱离客户使用价值，单纯以推广和渠道为主要目的，将始终难以提高客户对于房产线上化产品的依赖度，从而难以实现真正意义上的房产营销线上化。参照普通消费品的线上化购买，对于消费者来讲，线上化的核心价值就在于效率的提高，那么房产营销线上化的核心价值亦应该如此。

从购房流程来看，由于购房具有低频和大额交易的特征，作为家庭最重要的消费品，购房者仍需"线下看房"，眼见为实

才能锁定房源实现交易，因此"线下看房"环节长期来看较难实现线上化。但房产销售中前端的"营销展示"和后端的"签约认购"环节从可实现性上来看，有条件实现线上化，并且在特殊时期条件的激励下，前段营销展示的环节已经在线上化上加快了步伐（见图7-1）。

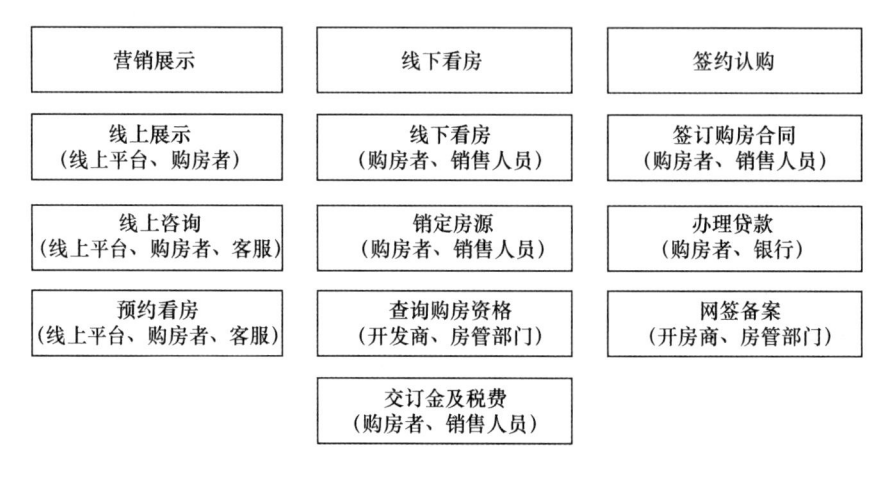

营销展示	线下看房	签约认购
线上展示 （线上平台、购房者）	线下看房 （购房者、销售人员）	签订购房合同 （购房者、销售人员）
线上咨询 （线上平台、购房者、客服）	销定房源 （购房者、销售人员）	办理贷款 （购房者、银行）
预约看房 （线上平台、购房者、客服）	查询购房资格 （开发商、房管部门）	网签备案 （开房商、房管部门）
	交订金及税费 （购房者、销售人员）	

图 7-1 购房流程

"营销展示"中"VR看房"技术是购房提效的初步探索。当前房地产领域的线上化尝试主要集中在前端的营销展示环节，此部分作为购房流程中的第一环节，在传统购房流程中主要起到获取信息和房源筛选的功能。其中需要筛选的数据复杂多样，虽然现有的房产信息平台已经发展比较完善，覆盖信息较为全面，但一方面房产信息本身缺少统一标准，难以直接比选；另一方面，缺少将文字信息可视化的功能，查看项目不够直观，从而不能完全替代线下看房进行筛选，也就没办法真正提高选房效率。

"VR看房"技术的出现解决了线上信息不够直观的问题，能够提供一种沉浸式看房体验，一定程度上替代了线下看房。随着"VR看房"技术的逐渐普及应用，房源筛选的效率将有所提高。但与此同时，统一标准、统一品质的VR产品的应用将成为未来发展的重点和难点，如何统一行业标准、为消费者提供可比选的信息将成为重要课题。

另外，"信息不对称"是长久以来存在于房地产销售过程中的重大问题，对于购房者来说，房源真实信息的获取难、实楼与样板间差距大等问题，造成购房者在购房过程中始终处于劣势地位，买卖双方不能建立信任关系，这也是阻碍购房线上化的重要原因。除了房产信息平台不断优化项目信息，信息不对称问题的改善更有赖于未来在行业价值重塑的过程中，购房者地位的不断上升，以及行业品质竞争的加剧。同时，随着行业标准化生产的普及，房子作为高价值产品，其成品品质与预期之间差距的不断缩小亦将有助于购房者与开发商之间建立互信关系。

"签约认购"环节在政府主导下，流程线上化或将成为趋势。与前端的选房流程线上化比较，后端的签约认购环节线上化才刚刚起步，在2020年特殊的市场条件影响下，交易流程服务的线上化价值显现。房产交易的流程复杂，涉及多方主体、多项费用，且认证流程烦琐。当客观因素阻断了所有线下的面对面交易时，签约、认购和房产登记停滞，作为购房流程的最后一环，无法签约成为挡住购房者和开发商最后的绊脚石。此时，政府作为房产信息登记的管理方，开始着手推进购房流程线上化的工作。目前杭州市、四川省、武汉市、长沙市等省市均已出台相关政策，推进线上化进程。

2020年2月，杭州市住房保障和房产管理局下发《关于积极推进商品房全流程网上销售工作的通知》，从网上发布信息、网上报名登记、网上公证摇号、网上公开选房、网上预约签约五个方面进一步完善、畅通全流程网上销售通道。这是全国第一个提出全流程网上售房政策的城市。杭州从政府端主导房地产市场线上化，更有利于对房产市场线上交易的规范及管控。

2020年9月，四川省税务局全新开发的存量房（二手房）

交易、购买增量房（新房）网上办税功能进入试运行阶段。全省各地房产交易涉税业务都可以通过四川省电子税务局 Web 端、"四川税务"手机 APP 等渠道线上办理。同时，纳税人也可通过电子税务局自主打印完税证明。成都等地还通过税务部门与不动产登记部门实时共享完税信息，帮助购房人快捷办理不动产权证书，最快可实现 1 小时取证。

2020 年 9 月，武汉市住房保障房管局为优化合同网签备案服务，积极推行"互联网＋网签"模式，鼓励使用新建商品房买卖电子合同，利用大数据、人脸识别、电子签名等技术，加快移动服务端建设，实现合同网签备案掌上办理、不见面办理。

2020 年 11 月，长沙市住房和城乡建设局等六部门印发了《关于加强房屋网签备案信息共享　提升公共服务水平的通知》，要求全市行政区域的新房、二手房、租赁房屋等业务在签订合同的同时上传交易信息，同时采用互联网＋、区块链、人脸识别、电子印章等技术实行房屋买卖、抵押、租赁在线电子签约备案，实现全程无纸化、全业务掌上办，提高房屋信息基础数据库建设效率和准确性。此次政策核心在于完善和健全房屋网签备案信息系统的建设，从贷款和公积金提取来约束网签备案的及时性。同时，为了降低房地产交易中存在的金融风险，网签数据将与人民法院进行信息共享。线上化及时完成网签备案的政策强力释放市场严格监管的信号，稳定市场健康发展。

由此，购房流程末端的房产网签备案及纳税流程开启线上化进程，打通开发商、房管局、银行以及客户四方线上交易流程，将使得房产交易效率、客户交易体验获得极大提升，购房者足不出户便可完成认购签约。

综上所述，2020 年的特殊条件催生房地产互联网营销进程的加速，主要集中在解决短期线下销售受阻的问题，对于长期发展方向的判断仍需时间的积累和实践的经验总结予以推进。2020 年在房产销售线上化方面的尝试目前看仍处于初级阶段，但最大的收获在于让行业认识到销售线上化的重要价值和发展趋势，并且政府正在积极参与到线上化的过程中，引领行业变革。由此引发的行业价值链的重塑将带来竞争格局的改变，购房者和开发商之间的博弈关系或将改变，对产品品质和服务品质的追求将被提升到新的高度。

（三）数字化进入全流程与智能阶段

2020年，房产交易服务数字化进程的深化主要体现在四方面：信息发现渠道的线上化与多元化，信息筛选的决策智能化，转化体验的线上线下一体化，交易闭环的线上化与自动化（见图7-2）。

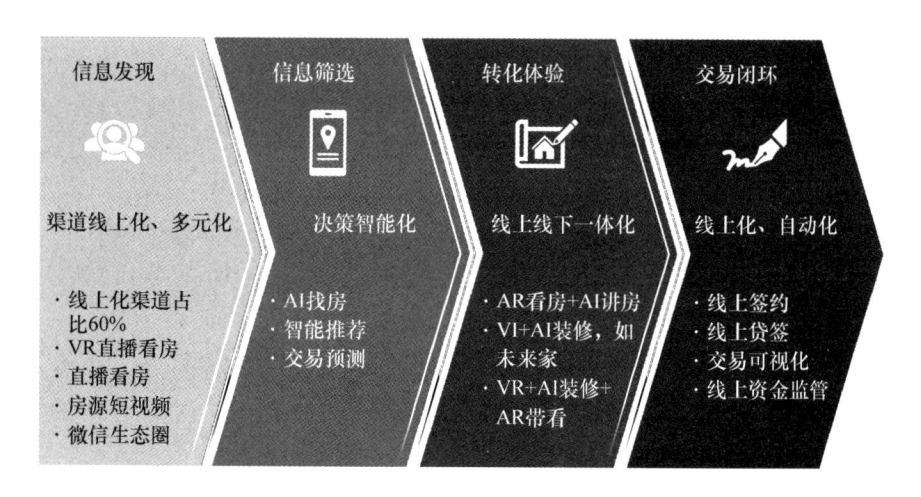

信息发现	信息筛选	转化体验	交易闭环
渠道线上化、多元化	决策智能化	线上线下一体化	线上化、自动化
·线上化渠道占比60% ·VR直播看房 ·直播看房 ·房源短视频 ·微信生态圈	·AI找房 ·智能推荐 ·交易预测	·AR看房+AI讲房 ·VI+AI装修，如未来家 ·VR+AI装修+AR带看	·线上签约 ·线上贷签 ·交易可视化 ·线上资金监管

图7-2 2020年房产交易各环节的数字化新变化

资料来源：贝壳研究院。

房源信息发现渠道的线上化、多元化。根据贝壳研究院调研，60%贝壳APP用户通过接触微信、社交媒体以及垂直平台等线上渠道获取房源信息（见图7-3）。其中，购房者易受影响的三大数字渠道①为微信生态群、房产垂直平台、短视频与直播等新兴社交媒体（见图7-4）。

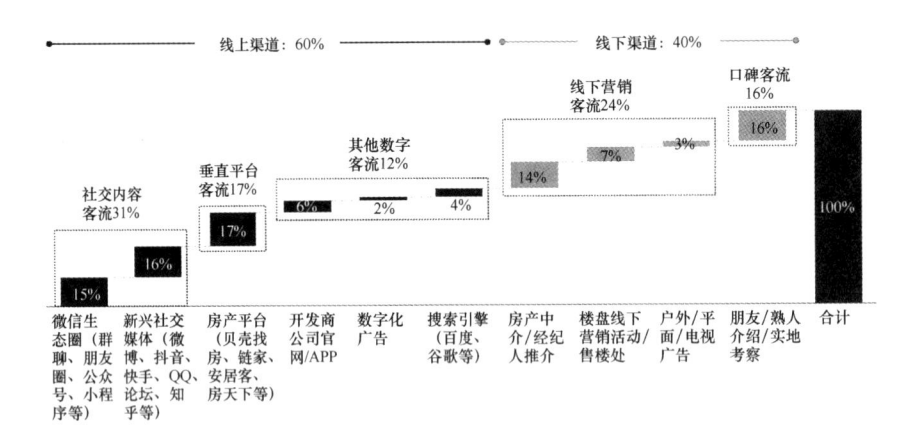

图7-3　贝壳找房用户信息获取渠道

资料来源：BCG×贝壳研究院《2020购房者交易旅程》调研结果。

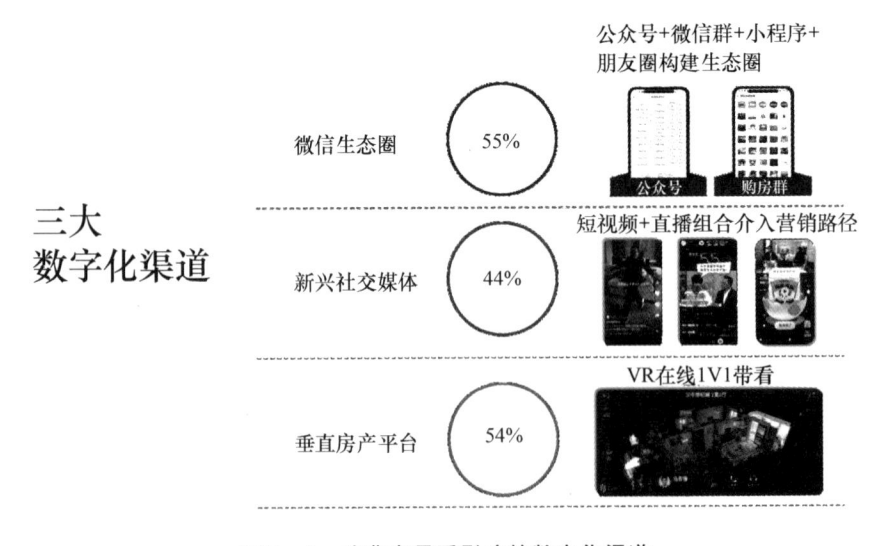

图7-4　消费者易受影响的数字化渠道

资料来源：BCG×贝壳研究院《2020购房者交易旅程》调研结果。

---

① "极易被影响"指在实际看房前、中，选择该渠道为TOP3研究房产信息渠道的消费者比例。

电商平台正在成为关键房产信息渠道之一。阿里、京东、苏宁纷纷入局新房销售，新房成为"618""双十一"等零售促销节日的"新卖点"。作为消费互联网领军企业，阿里一直尝试将其亿级用户流量及高频消费、金融的数据向房产交易场景迁移。自2010年至今，阿里先后推出淘宝房产、法拍房、躺平家居计划，直至2020年推出天猫好房（见图7-5）。根据公开信息，2019年，淘宝法拍房观看和参与人数达8000万，最终成交15万套。

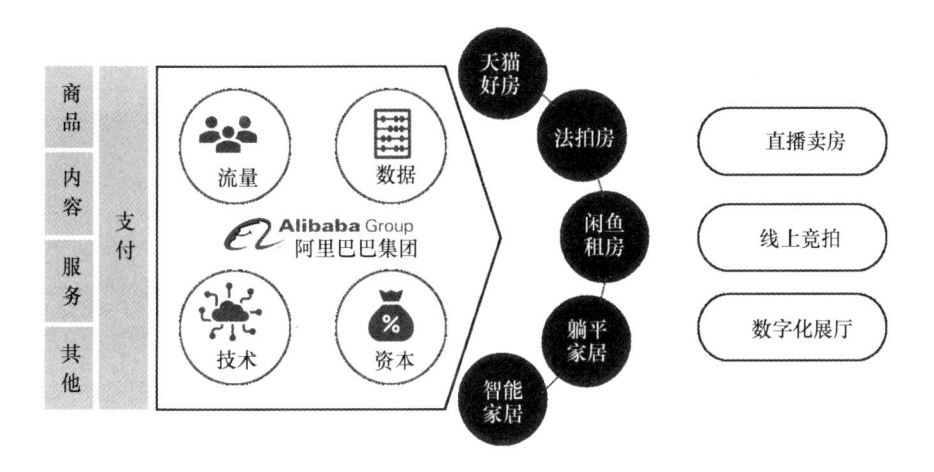

图7-5 阿里在居住服务业的布局

资料来源：公开资料，贝壳研究院整理。

信息筛选和匹配的智能化。百度创始人李彦宏先生在其著作《智能革命》中提出，"人工智能"本质是"从人类大量行为数据中寻找规律，并根据个人特点、兴趣，提供差异化服务"。因此，智能化革命在于机器主动学习和适应人类，并辅助人类决策；应用于房源信息与匹配领域，即通过数据+算法，提升信息筛选、房客匹配精准度与效率。在过去，房源信息的异质性、复杂性与消费者需求的个性化、复杂性使得房客匹配链条长、不确定性大，因而高度依赖经纪人在有限房源信息内做经验匹配。以智能推荐为代表的大数据AI找房为例，基于

300多个特征模型的智能选房,深度算法学习预测成交概率,帮助消费者聚焦需求半径,能有效提升决策效率。

疫情加速了销售转化环节的线上线下体验一体化。直播、VR看房等数字化创新产品将线下体验迁移至线上并实现常态化。即使在疫情后,在线VR看房仍维持了较疫情前10倍的水平(见图7-6)。

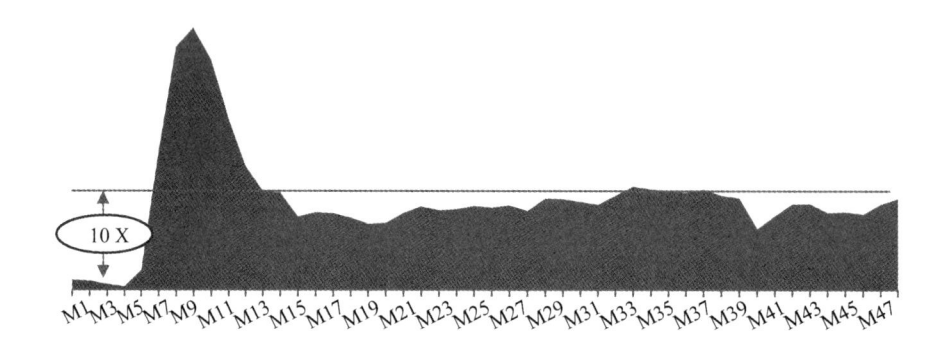

图7-6 2020年1—11月VR带看周度数据

数据来源:贝壳研究院。

此外,结合VR房源以及家装场景,VR+AI装修+AR带看,能实现对VR+AI装修方案的本地AR展示,帮助消费者重塑线下场景和看房体验,让客户能实时地看到装修设计后的真实效果。

签约及签约后全流程线上化。疫情中线下服务场景受限,增加了对线上签约服务的需求,线上签约、线上贷款面签应用加速。交易服务之外,房企、物管企业、家装及其他居住服务业数字化加速集中在营销线上化方面(见图7-7)。

在开发领域,以恒大、富力为首的房企积极探索直播卖房等线上营销手段。但在距离消费者较远的智能化系统,如住宅建造、成本管控等方面,数字化应用仍较有限,仍限于工程建设实施节点性管控、装配式建筑等少数尝试。

在物业领域,疫情凸显了物业服务在社区防疫中的价值,

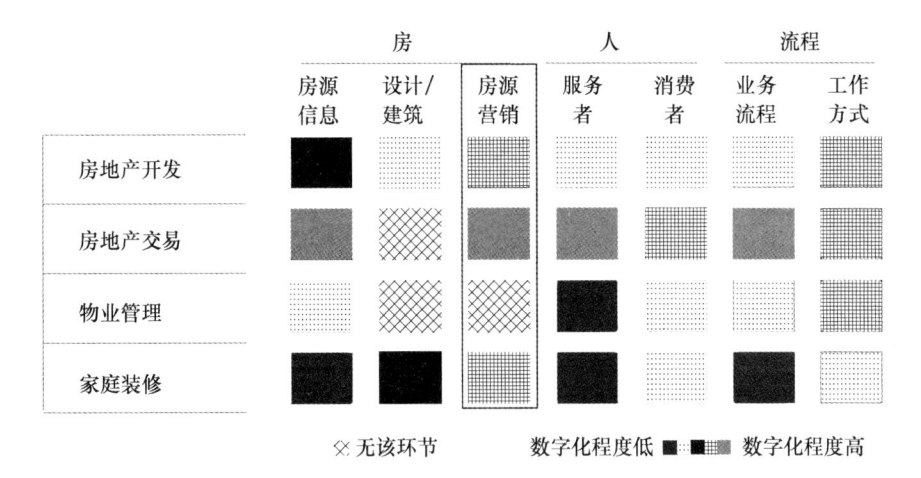

图 7-7 2020年其他居住服务业数字化新变化

资料来源：贝壳研究院。

人脸识别等智能安防加快推广，消费者线上缴费、线上工单渗透率大幅提升。而万科云、碧桂园服务等物业管理公司则持续扩大了科技投入。

在家装领域，数字化从内容展示、设计、施工环节不同程度渗透，尤其体现在营销环节。

（四）从数据化到智能化：重塑效率与体验

居住服务业数字化是需求变化、供给升级、技术进步与政策促进多个因素推动的结果。从供需看，随着城镇居民居住条件改善与消费能力提升，品质、多元、分级的服务需求亟待被满足，从而倒逼供给侧借助数字化实现升级。与此同时，底层通用数字化技术的迭代极大降低了企业的数字化成本，加快了数字与业务场景的融合。此外，中国政府坚定推动数字化改革，也为居住行业数字化提供了良好的政策环境。习近平总书记就"加快发展数字经济"发表了一系列重要讲话，并陆续发布了《国家信息化发展战略纲要》《国家数字经济创新发展试验区实施方案》等政策文件。2020年国务院政府工作报告中再次提出打造数字经济优势，2020年3月，政府正式提出"数字化新基建"投资方向。

产业互联网的智能化，是数据技术与场景及决策的结合。具体看，基于大数据、物联网、人工智能等技术，以数据为原料，通过算法模型进行深度学习，可以建立行业全景知识图谱，形成业务洞察，并转化为业务和场景的预测、自动化判断乃至量化决策。2020年，随着AI找房、VR带看、VR+AI装修、OCR、RPA、智能客服等应用推广，国内居住服务业进入了规模智能应用阶段。这一时期的主要特征是VR/AR、AI、物联网、云计算等数字化技术在垂直领域多场景、综合深度应用，重构交易流程（见图7-8）。

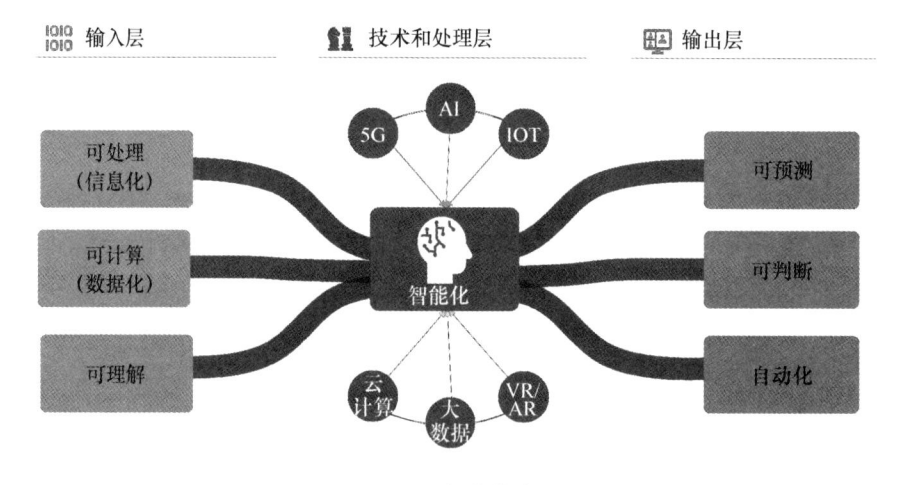

图7-8 智能化定义

资料来源：贝壳研究院。

（五）智能化落地场景：重塑安全、效率与体验

信息发现环节，信息展示方式更生动，降低消费者信息获

取和理解的门槛。短视频、直播看房、微信生态群、平台内容运营等，已成为经纪人以及房源信息展示的新渠道。以微信生态群看，自媒体运营团队，既可以通过公众号发布有深度、有内容的分析文章，辅助购房者选择，也可以通过私聊/朋友圈实现优质内容一键分享。

信息筛选匹配环节，智能化可以辅助消费者及时获取信息和精准决策，从而推动其房屋交易效率的提升（见图7-9）。例如，贝壳推出的小贝助手，能够赋能经纪人为消费者提供标准化的品质服务。整体看，信息发现与筛选环节，智能化帮助服务者提升专业度与用户信任度。如通过带看环节SOP（标准化流程）解读，模拟客户提供真实线上带看场景训练及认证，提升VR带看质量。

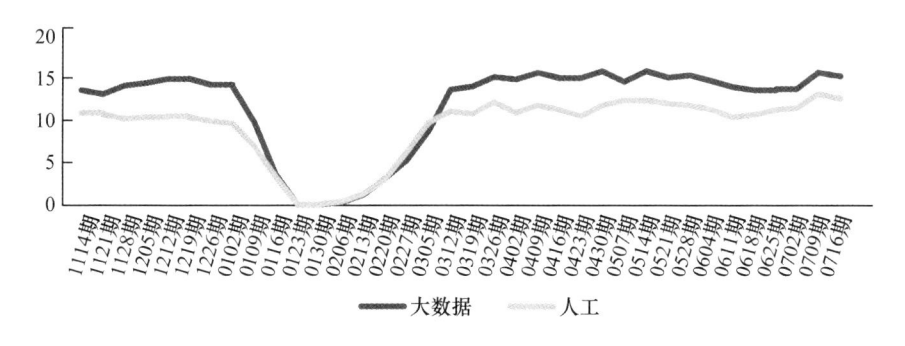

图7-9 AI选房与人工选房效率对比

数据来源：贝壳研究院。

客户转化环节，实景看房和讲解转移至线上，消费选择更多，效率更高，体验更佳。首先，线上VR带看大幅提升了客户看房的选择权与精准度，线下看房效率显著提升，数据表明，经纪人带看效率提升16.6%。其次，消费者看房体验更好，实现了看房时间的灵活，可随时随地由经纪人陪同线上看房，节省在途时间和费用，平均每套看房可节省带看交通时间2小时。

交易闭环，实现安全、省时、省力。线上签约和线上贷签，在保障交易安全的前提下，极大提升了交易效率。如线上签约采用一次签名，解决签错、签漏问题，平均每份节省签字时长10—15分钟；线上贷签，更帮助购房家庭签约面签时长减少19%。

展望未来，在城镇化深化、人口红利消退的背景下，数字经济成为经济高阶发展和创新的核心驱动力之一。居住服务业进入智能化阶段，在房、人、流程等方面的线上化将加速，为消费者提供更多的选择权和更好的服务品质与体验，同时也为服务者的品质与效率赋能。

八 行业逻辑加速变革"稳速提质"成为新课题

2020年,房企经历着比以往更多的考验,可以概括为"上半年的集体'抗疫'与下半年的融资新规"。笔者判断疫情对行业和房企的影响是短期的,而"三道红线"的融资新规影响则会是更为长期和深远的,将推动行业逻辑变革加速进行。过去几年,尽管头部房企已经采取主动降速、降负债措施,但行业内"加杠杆、扩规模"的发展路径仍不鲜见,而2020年在新的变革中,房企在销售、土储、盈利、偿债等方面已经呈现出诸多特征。

(一)行业逻辑变革下房企呈高集中度、强分化性特征,"管理红利"助推行业新发展

行业逻辑变革中,"管理红利型"房企能更快适应行业规则、更具弹性空间,将有望再创规模新高。集中度进入加速提升阶段,留给房企弯道超车的空间将越来越窄。

疫后房企销售韧性超预期,行业集中度加速提升。自2018年起"提质降速"率先在头部房企中发端,到2019年TOP30房企年度销售增速平均下降27%,"唯规模论"逐渐退出主流舞台。而融资新规从试行到广泛推行将进一步打破房企对高杠杆、高周转扩张的路径依赖。过往土地红利、金融红利的浪潮退去,

管理红利时代已经到来。

2020年在疫情之下，房地产销售韧性超预期。复工复产后房地产销售得到快速修复，国家统计局发布数据2020年全国商品房销售面积同比增长2.6%。从结构看，疫情催化了房企间分化，房企集中度加速提升，头部房企优势持续强化（见图8-1）。根据贝壳研究院统计TOP3房企集中度增加最快，较2019年提升2.9个百分点，其中恒大表现较突出，对TOP3集中度起到较大的拉升作用。当前TOP100房企集中度为67.2%，行业变革加速行业洗牌的过程中，业绩集中度仍有一定的增长空间。

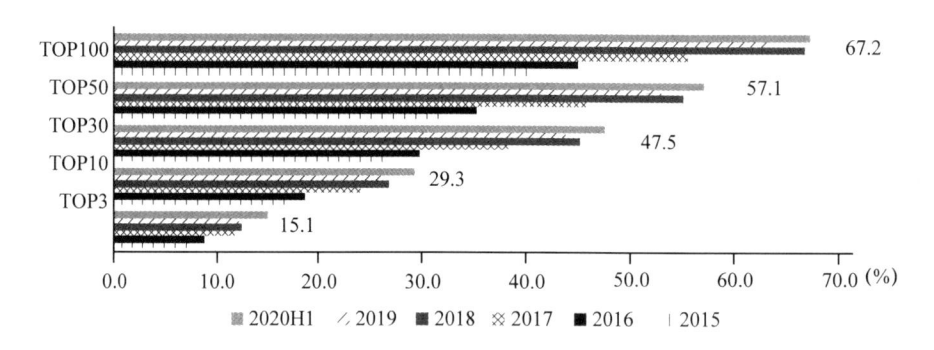

图8-1 房企集中度（权益销售口径）

数据来源：Wind，贝壳研究院整理。

TOP100房企销售端权益占比下降5个百分点，权益比例高的房企更具弹性。

根据贝壳研究院统计，2020年TOP100房企平均合同销售金额权益占比为73%，相较2019年全年下降4个百分点。2020年TOP100房企中销售金额权益占比在60%（含）以下的房企达26家，这个数字在2019年仅为13家。一方面，房企为降低土储成本，主动选择联合开发的案例增多；另一方面，在融资新规下，房企为实现降负债的目标，被动调整企业股权结构，通过转让项目股权的形式回笼资金。在融资新规的影响下，房企销售权益占比下降趋势将持续。

行业关注最多的三家龙头房企碧桂园、恒大、万科年内合同销售金额权益占比分别为72%、91%、65%，较2019年分别为持平、下降6个百分点、增加1个百分点，可见房企之间仍有一定差别。权益比例较高的房企，具备更好的弹性，除了更多的操盘主导权外，还具备更大的权益比例调整空间。同时，房企权益比例的调整也将影响房企集中度的变化趋势。

（二）联合开发受青睐，房企抢占一、二线核心城市，高能级市场加速上行

行业逻辑变革下，房企对于土地市场的态度将更为审慎，房企举债扩张能力和意愿下降，体现在销售端的权益占比下滑，房企在土地市场联合开发不断走高。房企近两年拿地更青睐一、二线城市，呈现出高能级市场上行、低能级城市收缩特征。

1. 融资新规影响下房企投资意愿降低

特殊时期货币政策适度宽松，叠加全国多个城市"因城施策"推出优质地块及给予供给端相关的纾困政策等，多种因素共同推高2020年上半年房企拿地热情。根据贝壳研究院统计，2020年1—6月TOP50房企拿地销售比均值为45.1%，头部房企拿地意愿逆势上涨。而截至12月上述企业累计拿地销售比下降至35.4%，尽管较上一年同期仍提高了1.1%，但房企投资态度趋于谨慎，拿地意愿明显收缩（见表8-1）。

表8-1　　　　　　　TOP50房企拿地销售比

房企	2020年拿地销售比均值	2019年同比	2020H1拿地销售比均值
TOP50房企	35.4%	35.0%	45.1%

数据来源：贝壳研究院整理。

2. 核心城市价值凸显,房企关注城市高度重合

在区域选择上,房企坚持回归一、二线城市的发展路线,并关注城市群、都市圈辐射下的三、四线城市中的高能级市场。根据贝壳研究院统计,在2020年房企土储"囤粮最多"和"花费最高"的TOP10城市中,4个城市重复出现在两个榜单中,分别为:武汉、苏州、杭州、广州,全部为一线与二线高能级市场(见表8-2、表8-3)。房企土储聚焦一、二线重点城市,将加大未来重点城市的竞争激烈程度,同时可以关注热点城市外溢效应影响下的周边活跃区域。

表8-2   2020年房企"囤粮最多"的城市TOP10

城市	武汉	重庆	昆明	成都	苏州	西安	太原	杭州	广州	郑州
规划建筑面积(万平方米)	2266	1889	1859	1733	1656	1609	1534	1428	1412	1288

数据来源:贝壳研究院整理。

表8-3   2020年房企"花费最高"的城市TOP10

城市	杭州	广州	上海	北京	武汉	苏州	南京	宁波	佛山	深圳
权益拿地金额(亿元)	1712	1353	1333	1324	1308	1229	1220	1138	999	724

数据来源:贝壳研究院整理。

(三)房地产行业利润高点不再,房企理性应对行业整体盈利水平下滑趋势

行业发展与变革中,需要理性看待行业盈利水平下滑的整体趋势。调控城市"限地价""限房价"的政策与核心城市的

高竞争性将不断推高房企成本。

房地产行业毛利率水平或将逐渐下滑。综合全市场主要行业近10年的毛利率走势，房地产行业的利润高点早已过去，从2020年第三季度数据看，房地产行业毛利率水平在主要行业中下行幅度最大，当前生物制药、汽车与煤炭行业利润水平均超过房地产行业（见图8-2）。"十四五"规划中提出"推动金融、房地产同实体经济均衡发展"，在此指导思路之下，预计未来房地产行业毛利率水平仍有一定的下行空间。

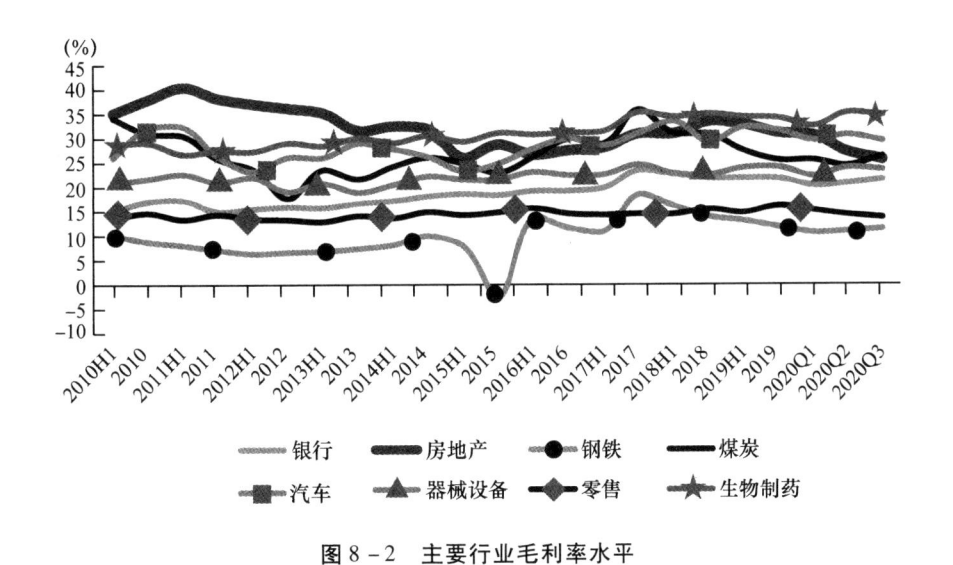

图8-2 主要行业毛利率水平

数据来源：Wind，贝壳研究院整理。

房企盈利水平下行趋势或将延续。笔者统计TOP100中的70家上市房企，2020年中期毛利率均值29.4%，较2019年同期降低5.1个百分点。通过对上述房企营收与毛利率交叉分析，其中44家房企上半年"增收不增利"，盈利水平下行已成为上半年房企主流趋势。究其原因，其中一部分是以恒大为典型代表，房企选择"以价换量"的促销方式，将直接导致利润水平受损；另一部分以万科、中海等稳健型房企为典型，成本上升成为其利润水平下降的主要成因。根据贝壳研究院统计，全国

2020年平均地价累计增长8.9%,居住用地2020年平均地价累计增长10.8%(见图8-3)。同时,住宅建安成本近5年也保持增长趋势(见图8-4)。不断增长的各项成本,将使房企利润继续下行。

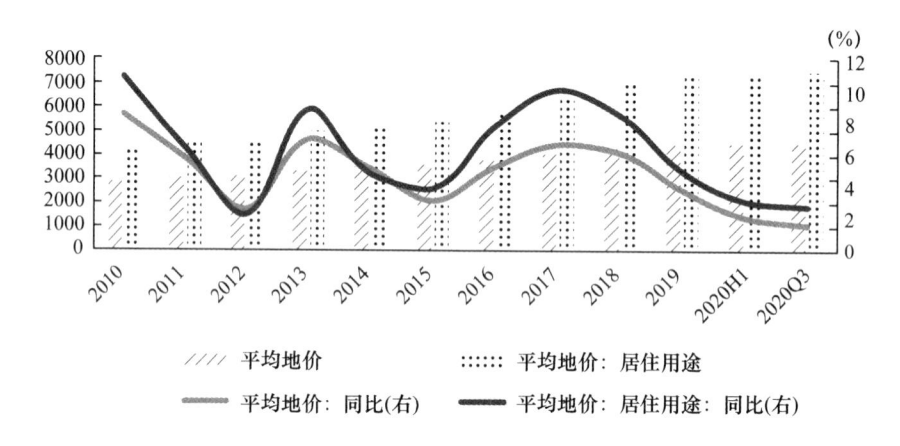

图8-3 全国主要城市平均地价增长情况

数据来源:Wind,贝壳研究院整理。

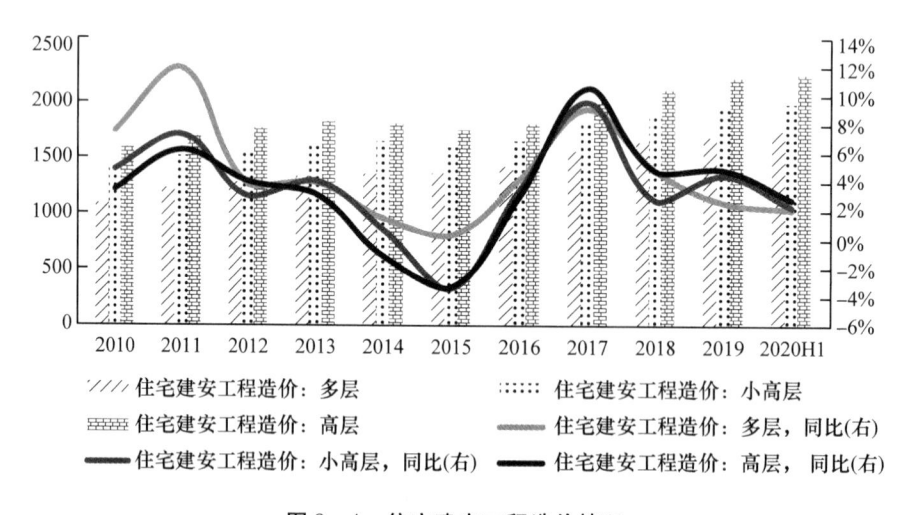

图8-4 住宅建安工程造价情况

数据来源:Wind,贝壳研究院整理。

（四）严厉监管之下，全面提升企业抗风险等级，房企融资将呈结构性变化

在融资新规广泛适用后，房企融资将呈现结构性变化，主要体现在房企更有意愿用长债替换短债、用低息债替换高息债、用标准债替换非标债等，从而持续优化财务结构，提升抗风险等级。

债券融资规模增速下滑，融资成本预期上升。2020年房企境内外债券融资累计规模约12132亿元人民币，同比增加3%，增速较上一年收窄约10个百分点。结构上，境内债券在宽松流动性下发债规模同比增长21.3%，境外债市受到诸多干扰因素致年内整体低迷，境外发债规模同比下降18.3%，降幅进一步扩大（见图8-5）。

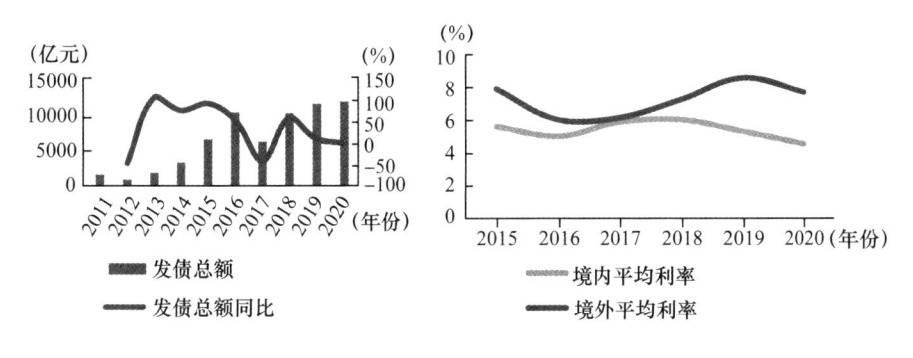

图8-5 房企债券融资各年累计规模与同比（CNY）及境内外融资票面利率走势

数据来源：Wind，贝壳研究院整理。

融资成本是房企金融风险的外在反映，境内外债市上半年在不同的节点分别出现月度利率均值的低点，下半年融资成本整体回升。境外债市保持不确定性预期，短期波动较大。同时，境内融资成本因企业性质存在一定结构性差异，2020年央企、

国企境内平均票面利率4.08%，非央企、国企性质房企境内平均票面利率5.51%。

11月"永煤债违约事件"持续发酵，引发相关部门与资本市场对各种"逃废债"行为的关注，除开展自律调查外，后续相关法律法规将进一步建立健全，预防系统性金融风险发生。根据贝壳研究院统计，"永煤债违约事件"发生后7个交易日，全市场共有61只境内债券取消发行或推迟发行，涉及计划发债规模约484.3亿元。事件发酵在房企发债端也有所显现，取消或延期的债券中有6只房企债券，债券计划发行规模约59.7亿元，其中4只属于地方国有性质，国企信用短期内将受"永煤债违约事件"影响，市场信心由结构性下滑逐渐传导至整个行业预期阶段性波动。

整体来看，2020年境内融资通道基本通畅，随着第三、第四季度金融监管的不断升级与债务违约事件的影响，料中期境内金融环境呈趋紧预期，境外债市随着疫情的反复将保持较高不确定预期。在防风险的背景下，预计房企债券融资难度将不断升级，中小型房企或将率先感受到债市的紧张压力。

2021年房企到期债务同比增长36%，3—5年后方可实现实质性降压。2016年下半年证监会对房企融资资金用途进行约束后，房企发债规模与到期债务规模差额在2017—2018年之间保持相对稳定的区间，2019年两者差额有所减小，2020年两者差额区间进一步收窄。从月度数据中体现出房企在融资新规后，9—12月出现新增发债规模不能覆盖当期到期债务规模的情况，融资新规对房企在债券融资端的影响逐渐显现，整体发债规模增速将受到短期抑制（见图8-6）。

"偿债高峰"成为近两年房地产行业的高频词汇，2018—2019年两年房企偿债规模成倍增长，2020年偿债规模约9154亿元，同比增长28.7%，2021年到期债务规模（不含2021年将发行的超短期债券）预计将达12448亿元，同比增长36%，历史性突破万亿大关，房企偿债压力继续攀升（见图8-7）。

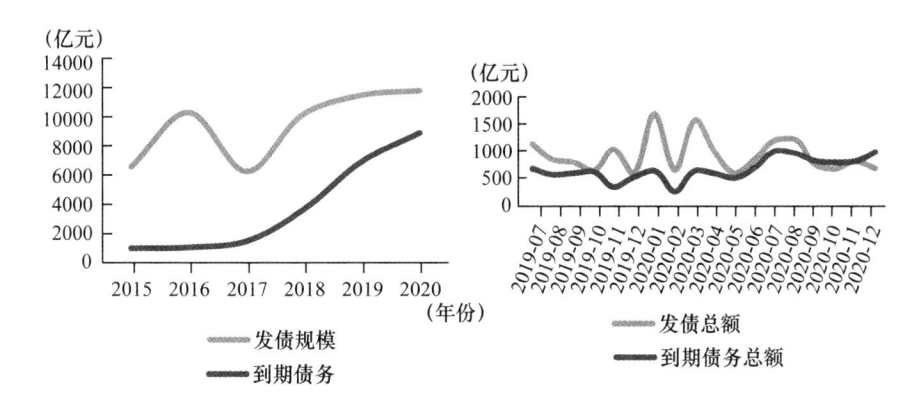

图8-6 房企年度到期债务与发债规模走势及近18月到期债务与发债规模走势

数据来源：Wind，贝壳研究院整理。

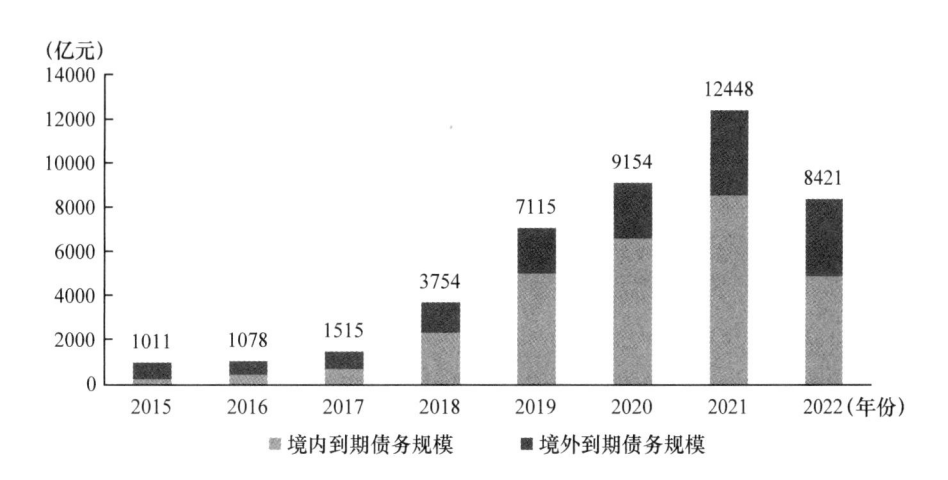

图8-7 房企到期债券规模（按存量债券统计）

数据来源：Wind，贝壳研究院整理。

近五年房企债券融资发行周期集中在3—5年，融资新规对未来房企整体发债增速将起到一定的制约作用。在周期性影响下，预计未来3—5年后房企债券融资到期债务方可实现实质性降速，未来几年房企现金流将保持紧张状态。

（五）物管企业分拆上市成为资本市场"宠儿"，物管业务潜力将拉长板块高估值轮动周期

物管板块少量认购不足与估值下滑将会导致资本市场适度的理性回归，但不足以影响板块整体位于高估值区间。板块快速扩容后，除规模外，高溢价服务升级将更具资本吸引力。

1. 物管板块加速扩容

物管板块估值先扬后抑，但保持高热度。2020年在疫情影响下，物管行业体现出较高的抗周期性，叠加疫情下居家时间拉长，人们对于物业管理的消费升级需求旺盛，借助房企多元化的引擎，物管企业估值在上半年一路走高，8月后振荡下行但仍属于高热度板块。

根据贝壳研究院统计，截至12月31日包括A股、H股、新三板在内的上市物业公司已超百家，其中A股、H股主板上市物管企业45家。年内已有16家房企分拆物管公司成功赴港上市，全年新增主板上市企业数量将超越2019年的12家。

（1）上市进程的加快助力物管板块快速扩容。根据贝壳研究院统计，年内以地产业务成功上市的5家房企中仅祥生是一次递表通过，正在排队上市的房企多数都经历递表—到期—再次递表的循环。与房企地产板块上市过程中存在二次、三次递表的艰难相对，房企分拆物业上市的速度不断加快，比如新晋上市的恒大物业，用106天的超快速度走完上市前期流程。

（2）物管板块估值增速赶超母公司。物业公司上市浪潮从2014年彩生活首登港交所拉开序幕，到2018年碧桂园服务挂牌上市将物管板块估值加速推高，再到2020年疫情对板块的拉升

作用，整体上物管板块近两年一直处于高估值区间，且有不断走高的趋势。尽管四季度出现个别物管公司上市破发的现象，也不会影响板块整体估值趋势，但是随着行业的深入发展集中度不断加剧，企业间的分化特征会逐渐明显。

另外，物管公司近年的估值增速远高于其房地产母公司（见图8-8）。2018年12月碧桂园服务市值为328亿港元，相当于当时碧桂园地产2093亿港元估值的1/6，截至2021年2月4日碧桂园服务市值约2004亿港元，超过当期碧桂园地产2025亿港元市值的1/2，碧桂园物管公司两年市值增长超5倍，而地产母公司市值增长停滞。不仅是市值增速，母公司市值绝对值同样有被物管企业超越的现象，如大型房企绿城、雅居乐均在不同的时点出现旗下物管企业估值高于母公司的情况。

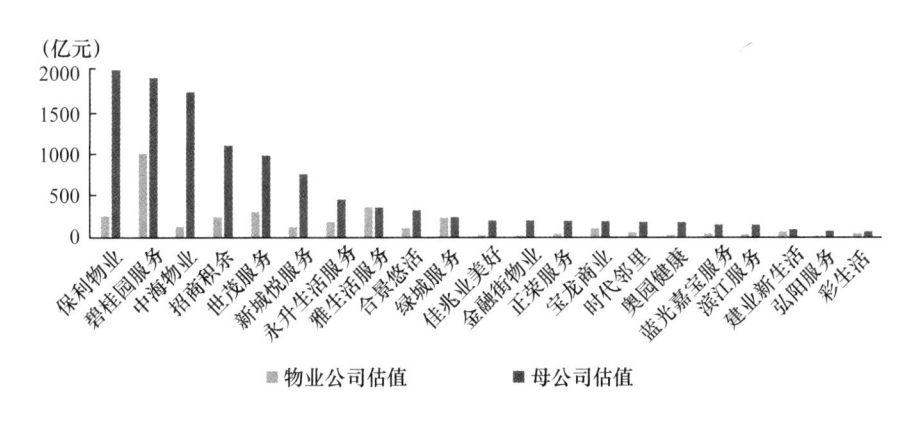

图8-8 典型物业公司估值

数据来源：Wind，贝壳研究院整理（数据截至2020年11月26日）。

目前在高市盈率下，存在一定的高估值情况。当下碧桂园服务市盈率为53.6，而碧桂园地产市盈率为5.3，物管公司市盈率10倍于地产公司。刚刚登陆港交所的融创服务市盈率高达83.2，而其母公司融创中国市盈率仅为4.8。预期房企在此轮高估值轮动下，物管板块的动作将更加频繁。

2. 物管企业"去物业化"更名蕴含行业升级趋势

房企用近两年时间基本完成"去地产化",旨在凸显房企未来多元化的经营战略(见表8-4)。如今分拆上市的物管企业纷纷加入"去物业化"的行列,更名的背后蕴含了企业的发展方向。

表8-4

更名前	更名后
万科物业	万物云
融创物业	融创服务
保利物业	保利物业服务
康桥物业	康桥悦生活服务
佳兆业物业	佳兆业美好
世茂物业	世茂服务
龙湖物业	龙湖智慧服务
四川蓝光嘉宝服务集团	蓝光嘉宝服务集团
雅居乐雅生活服务	雅生活智慧城市服务

第一类占比最高的更名方式,将"物业"替换为"服务",主要体现企业服务升级的意图。根据贝壳研究院统计19家已上市房企物管企业2020年上半年营收同比平均增长40.8%,而平均毛利率为29.8%,同比下降0.28%,同样陷入"增收不增利"的局面,主要源于前期扩张阶段的资金投入增加,以及发展先期需首先进行低利润的基础服务所致,将物管业务作为房企新的利润增长点为时尚早。由此,服务升级不仅仅是居民消费升级的需求,同时也将成为物管企业可以长期健康发展的前提。

第二类以蓝光为例,将地域限定词"四川"从名称中删除,便于其未来进行全国化布局。

第三类以龙湖、雅居乐为例，将名称中增加"智慧"一词，表明企业未来发展的智慧化路线。随着物管行业的发展，相对于低溢价的基础服务，未来科技、绿色、智能化将成为物管企业抬升盈利能力的重要方向。

（六）科技、绿色、智能化将成为物管企业抬升盈利能力的重要方向

融资新规激活行业新逻辑，房企将处于中期基本盘与多元化的转型关键期。

与发达国家相比，我国房地产行业占GDP比重仍有一定的提升空间，行业发展的逻辑也已经从规模扩张到品质升级。行稳致远，未来更多的长效机制与房企自身的多元化布局将确保整个行业平稳健康地长久发展。

调控从市场端到机制层面，融资新规将开启全新时代。房地产金融市场在疫情影响下，从2020年上半年流动性短期适度宽松，到6月末银保监会"回头看"行动释放金融监管趋紧信号，再到8月20日住建部与央行约谈12家重点房企，流传出关于"三道红线"的相关融资新规后，金融市场流动性回归适度中性，国内金融监管制度向市场化、规则化、透明化更进一步。

此次新规与房企实际经营现状充分结合，做到"一企一策""因企施策"的精准调控。结合"十四五"规划中对"房住不炒"总基调的强调与促进房地产市场平稳健康发展方向的坚持，未来对行业的调控与房企的监管将不会放松，融资新规或将逐渐扩大适用范围，融资新规将作为房地产行业长效机制的重要方向，开启行业逻辑变革的新时代。

针对此次融资新规房企端正在积极应对，通过多种渠道和方式改善自身财务结构。从房企第三季度财报数据上看，房企主动"降档"正在进行并已取得阶段性成果，未来主动"降

档"的房企将逐步增多，并成为行业健康发展的重要前提。

中期基本盘与长期多元化之间的转型关键期。行业从"活下去"到回归基本盘，体现出中期行业的主要发展仍需要依靠开发经营的模式，房企多元业务"远水不解近渴"的现状，促使房企回归基本盘意愿上升。结合我国城镇化的进程，房地产以开发经营作为主营业务仍具有较长的发展时间。在强化内生能力的同时，把握未来的转型关键期持续布局多元化业务板块，结合国家"十四五"发展战略与自身发展战略，以科技为支持工具，重点关注健康养老、人工智能与租赁业务等板块。

九　经纪行业职业化与合作升级

消费者对品质服务的要求，正倒逼经纪从业者提升职业化水平并加强合作。在此背景下，职业认证、职业教育、品牌价值都得到更多重视。行业协作也逐步从经纪人间分角色合作，拓展至门店、品牌等产业生态伙伴之间的共生。

（一）经纪人职业化升级，职业认可度提升

1998年，中国开始住房市场化，房产经纪服务随之诞生。曾几何时，整个行业中充斥着五花八门的小中介和夫妻店，小而散的中介门店占据全国70%以上的数量，一些大的全国性连锁品牌在整个行业的市场占比有限，经营极不规范。主要的表现是，行业从业门槛低，经纪人职业资格认证率低，学历低，收入差距大，流失率高。

2020年，经纪行业的职业化程度已经有了明显的进步。

职业资格认证渗透率增加。职业资格制度是行业职业化的保证。全国房地产经纪专业人员职业资格考试可分为房地产经纪人和房地产经纪人协理两类。其中，房地产经纪人考试报考人数、合格人数都呈上升态势，报考人数从2018年的6.4万上升为6.9万人，合格人数从2018年1.9万人提升至2.1万（见图9-1）。而初级资格的房地产经纪人协理的报考人数、合格人

数趋于平稳：报考人数从 9.1 万下降至 7.6 万人，合格人数从 4.9 万人降至 3.9 万人（见图 9-2）。认证从业者人数与认证级别都在提升。

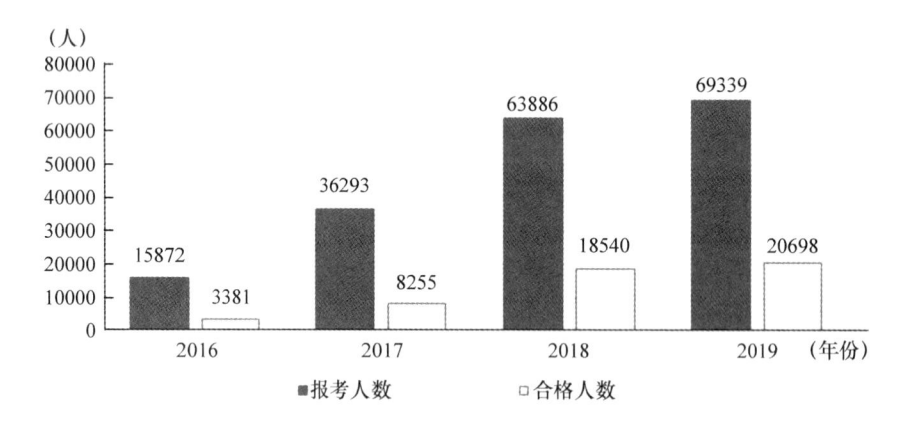

图 9-1 2016—2019 年全国房地产经纪人考试报名人数及合格人数

数据来源：中国房地产估价师与房地产经纪人学会房地产经纪专业人员考试系统。

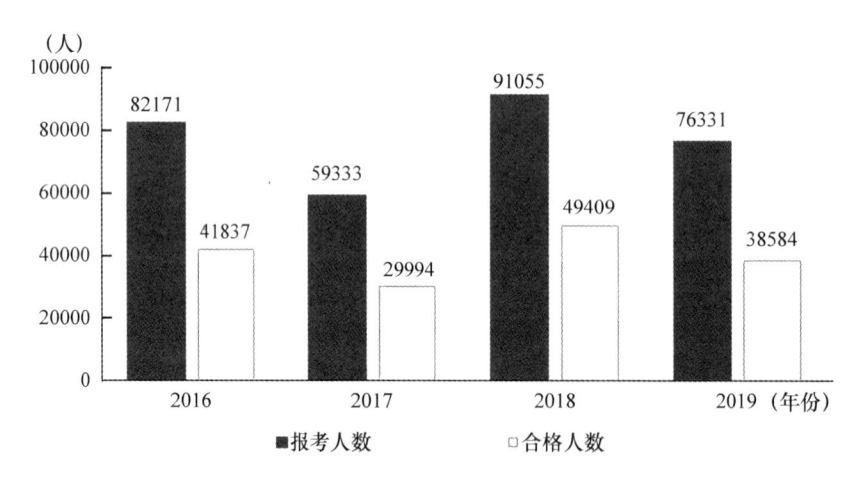

图 9-2 2016—2019 年全国房地产经纪人协理考试报名人数及合格人数

数据来源：中国房地产估价师与房地产经纪人学会房地产经纪专业人员考试系统。

高学历人才正涌入房产经纪行业。以链家为例，2020 年北京、上海每 10 个新招经纪人中约有 9 个高学历经纪人（见图 9-3）。从行业整体看，对高学历经纪人的需求也日益增加。由智联招聘统计的数据，2017—2020年，房地产经纪行业对本科及以上人才需求占比，已由26.3%上涨到39.8%（见图9-4）。这从侧面表明了房地产经纪行业对服务质量提升的强烈需求。

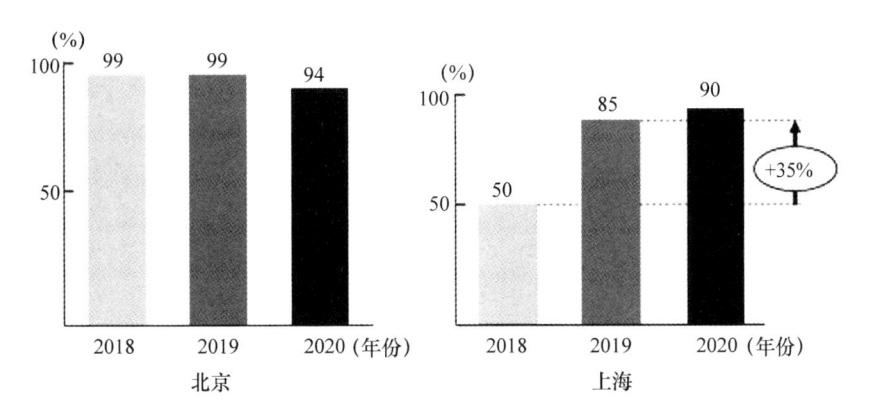

图9-3 北京、上海链家新招经纪人统招本科以上占比

数据来源：贝壳研究院。

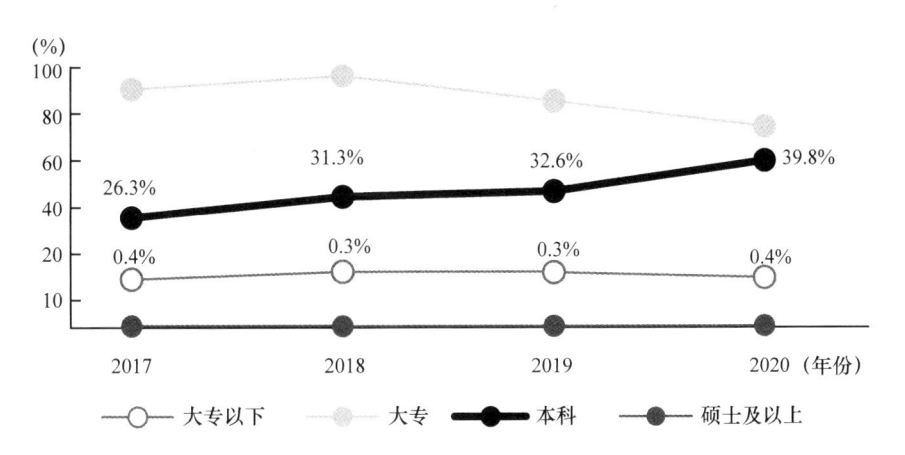

图9-4 2017—2020年房地产经纪行业在线职位学历需求趋势

数据来源：智联招聘。

行业人才需求旺盛。据智联招聘统计，房地产经纪行业2020年1—6月共有67万个在线职位释放，预计全年在线职位数将达130万以上，近四年需求复合增长率22%，远超市场和房地产行业整体水平（见图9-5）。

(万个)
150
125   +22%   130.2万
                             117.0万
100   95.6万
75   72.3万

2017   2018   2019   2020e
■ 2017—2020年房地产经纪行业在线职位数量

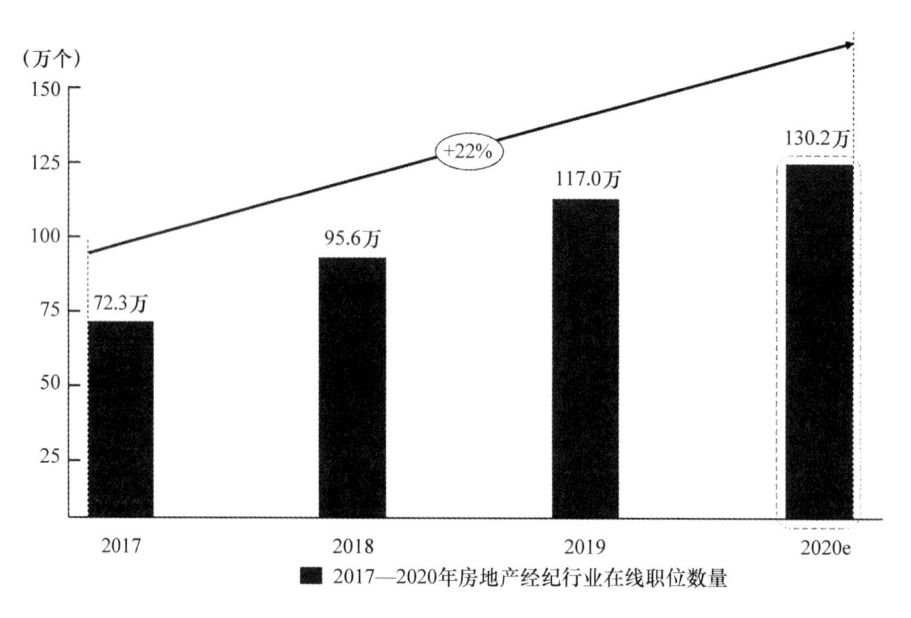

图 9-5　2017—2020 年房地产经纪企业职业需求趋势

数据来源：智联招聘，2020 年数据为预测数据。

收入水平提升，人才吸引力增加。根据智联招聘统计，房地产经纪行业在线职位前 20 城市平均年薪接近 12 万元，比国家 2019 年平均薪酬水平高 32%（国家统计局 2019 年城镇职工平均工资 90501 元），行业薪酬稳步增长并稳居高位。随着房地产经纪行业在市场中地位逐步提高，行业对人才吸引力强劲。从岗位投递简历的来源来看，非房地产经纪行业投递简历占比超过 70%，其中超过四成来自互联网、教育培训、咨询服务和证券期货等高端行业，这也说明行业吸引力在提高（见图 9-6）。

经纪行业的职业化程度为何得以提升？本报告认为，日趋完善的行业规则与互联网科技，在不断为经纪人赋能。

第一，行业竞合的规则体系渐已形成。房地产市场从快速发展向平稳发展过渡，成为房产经纪行业转型升级的客观要求。行业规则正在以前所未有的速度重新构建和快速迭代，经纪公司从过去的竞争为主，转向现在的竞合为主。基于自身特点重

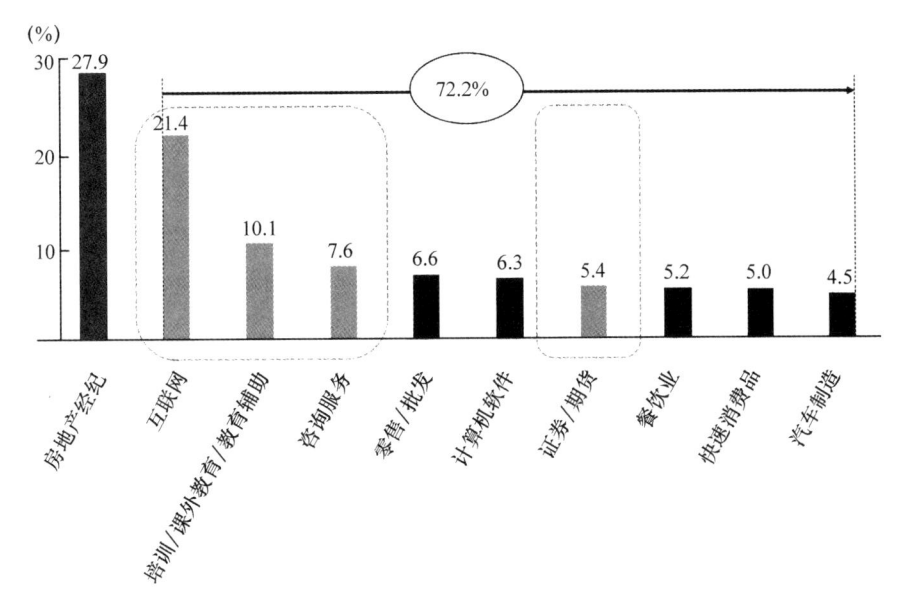

图 9-6 房产经纪企业收到的投递简历行业来源分析

数据来源：智联招聘。

新定义的行业生态位，使垂直领域的分化越来越明显，经纪机构和经纪人员之间的房源共享联卖机制正在构建，商业模式从过去的直营模式为主向直营与加盟模式并行转变。ACN 规则下，不同经纪人只要在交易中有贡献，都会获得相应业绩，系统会将佣金中的对应部分划归到不同的贡献人账户中。对接入机构而言，可以提升自己门店的精细化管理、规范化管理程度，也可以享受人才招募、人才培训等多元服务体系。

第二，互联网作为行业基础设施成为行业变革的最强基因。行业信息化水平大幅提升，移动互联网和大数据、VR、AI 等新技术在行业内得到广泛应用，带来了线上线下融合，行业业态不断丰富。房地产经纪服务向专业化、标准化、技术化方向发展，已成为房地产服务不可或缺的重要方面。这一方面提高了对经纪人的综合要求，另一方面也增加了职业认同度。

（二）平台价值：打通连接要素，提升作业效率

平台为中小企业提供 1+1>2 的市场。由于互联网无地理边界，平台在供给端汇聚众多中小企业和其提供的产品，产生跨边网络效应，对需求端的价值增大，增强对需求端的吸引能力，形成需求端的规模经济。平台使市场供给和需求双边规模化，可以促成消费者在平台的成交量远高于中小企业单独作业之和，而价格则由供需双边信息不对称性的降低更趋向均衡，因此平台的市场规模大大超过众多中小企业单独作业的总和（见图9-7）。

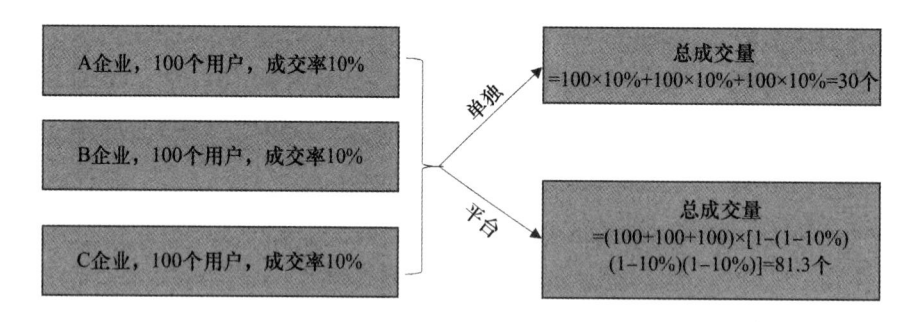

图9-7 中小企业单独作业和平台作业的成交量比较

注：上图未考虑平台的跨边网络效应，如果加上该效应，则平台的用户数量多于各企业用户的总和，成交量将进一步放大。

资料来源：贝壳研究院制图。

技术工具为中小企业降低交易成本。交易成本是指过程中所花费的全部时间和货币成本，包括信息传播、广告宣传、运输、谈判、协商、签约、合约执行与监督等活动所花费的成本。平台通过信息交叉的网络外部性产生需求方规模效应，为供应方提供了现成的需求方，更重要的是降低了中间环节的谈判、协商、执行成本和信息的损耗，降低了总的交易成本。平台是

一个去中心化、点对点的批量直接交易，能够在单位时间内处理更多的交易，以及由于不对称的缓解、信息中间环节的减少使得单个交易所需成本大幅下降，所以更具有效率。相较于市场，平台是一个细分的专业化市场，无论是集贸市场、超市、商场的区域性还是互联网平台的专业性，平台的信息只需要在其网络内进行互换，信息流通区域范围更小，不对称程度相对较低，信息的针对性和准确性更强，交易环节更少，有效减少交易成本更低、交易效率更高。互联网平台通过筛选机制降低交易风险以及利用大数据等技术克服了价格机制的滞后性，因此使得资源配置效率进一步提升（见图9-8）。

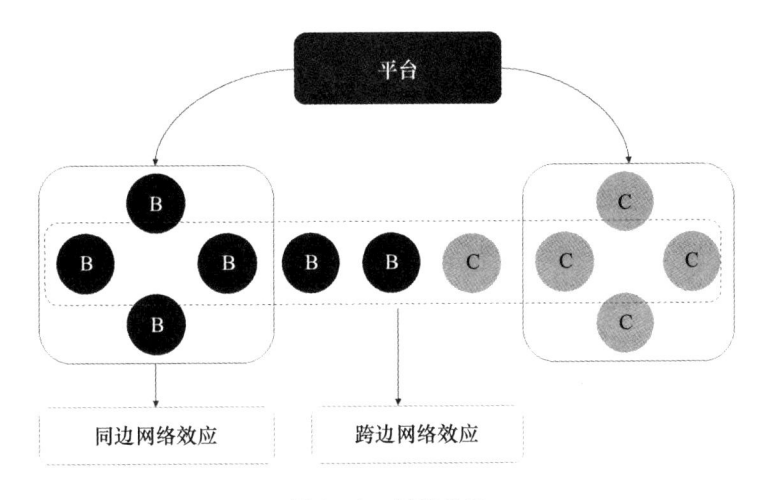

图9-8 网络效应

数据来源：贝壳研究院整理。

互联网平台是软件、硬件、运营和网络的复杂结合体，为用户提供可共享的技术工具和通用接口，使他们在平台上可以稳定地进行交互，降低了交易成本。互联网平台早期只是为中小企业和消费者提供在线信息展示和撮合技术基础设施，降低了因地理空间造成的交易成本。随着业务在互联网平台的开展，逐渐推动在平台上开发新的技术工具进一步降低交易过程中产生的成本（见图9-9）。

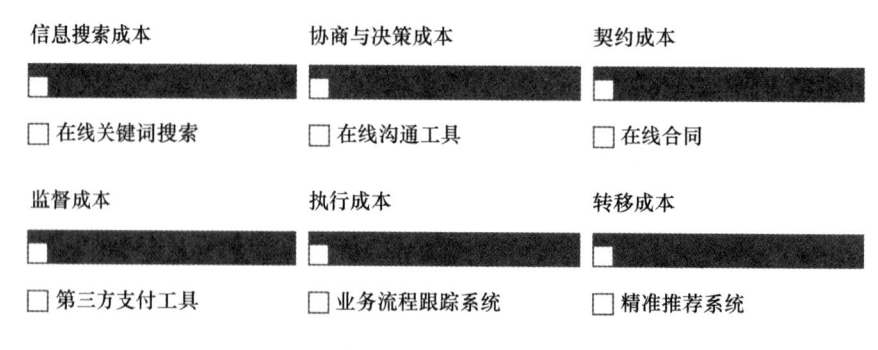

信息搜索成本	协商与决策成本	契约成本
□ 在线关键词搜索	□ 在线沟通工具	□ 在线合同
监督成本	执行成本	转移成本
□ 第三方支付工具	□ 业务流程跟踪系统	□ 精准推荐系统

图9-9 互联网时代的技术工具降低交易成本

注：根据达尔曼对交易成本的分类。
资料来源：贝壳研究院制图。

房地产经纪平台推动传统中小经纪公司的商业模式从线下向线上转型，扩大线上价值消费。房地产经纪这种传统产业还处在将线下业务转型线上的阶段，在这一阶段所有平台都在共同培养消费者转变消费习惯和经纪人作业线上化。通过APP、VR等场景的创新将产品和业务流程数据化、标准化，帮助经纪人开展线上作业。这种作业方式的转变，大幅提升工作效率。线上看房通过扩大消费者选房的范围，降低线下看房的时间成本，从而增加消费者租房、买房、换房的可能性，创造更多的交易机会。

平台能够通过质量管控保护消费者权益，增强信任。平台将分散的市场供应方集合，更容易通过标准化方式进行质量管控，从而保护消费者权益，增强消费者对平台和平台上商户的信任。以房地产经纪行业为例，不良商家长期不规范经营，在消费者心中形成了虚假宣传、黑中介等负面形象。为了推动行业正循环，向上向好发展，平台通过制度设计和技术手段实现对经纪公司和经纪人"事前准入门槛+事中排查+事后处置"的质量管控。平台的在线客服、投诉为消费者提供了交易的保证，信用制度创造了交易可靠性的传递机制（见图9-10）。

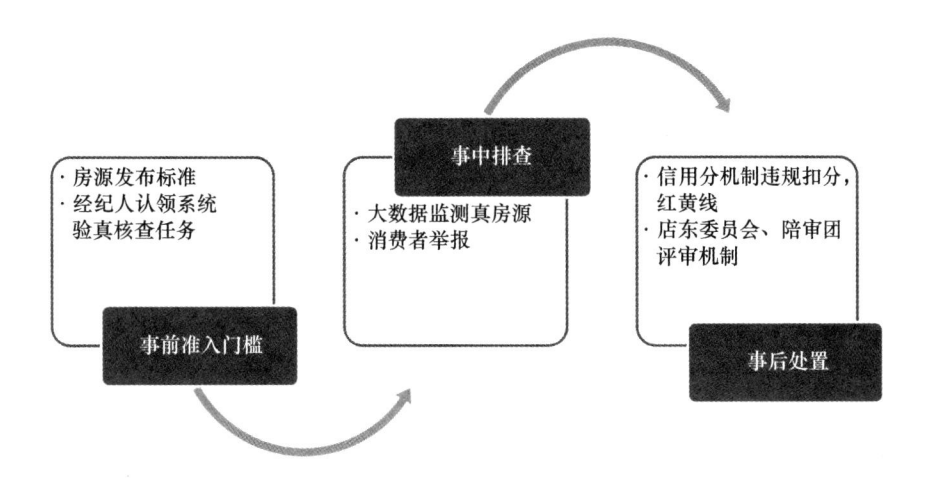

图 9-10 平台对市场供应方集合的质量管控

资料来源：贝壳研究院制图。

（三）合作升级：从"ACN"到"XCN"

在经纪人提升自身职业化水平的同时，经纪人间协作机制正得到普及与深化。行业参与方之间的协作，从经纪人网络（ACN）拓展至代理网络、品牌网络、上下游企业网络等更多层次（XCN），行业合作的体系更加丰富。

ACN 是基于产权保护下的联卖机制和角色分工合作的网络规则（见图 9-11），其核心机制可以概括为以下三个方面。

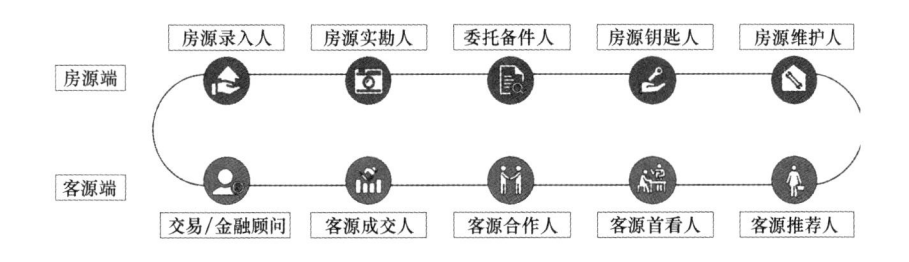

图 9-11 ACN 经纪人合作网络结构

资料来源：贝壳研究院。

一是经纪人通过分角色的合作，完成对用户的高效服务。在门店与小区楼盘、经纪人与房源完成对应关系后，分配录入人、维护人等角色，从而保证房源信息的及时搜集、上传和更新，以及信息在全面、真实、准确的前提下传播和分享。

二是通过稳定且小方差的费率，优化竞争。通过协商议定的费率规则，使经纪人摆脱恶性的低价竞争和返佣竞争，将精力用于提升服务价值，从而优化竞争，并提升服务质量。

三是通过合作机制保障人才的成长。一方面，分角色的机制使新人得以快速参与交易。另一方面，分角色按比例分配佣金，也保障了各经纪人的利益，能够激励人才成长。

ACN对业务的促进作用明显。2019年贝壳平台上超过70%的存量房交易已通过ACN跨店合作完成。同时以2019年店均存量房交易计算，贝壳效率已达行业平均水平的1.6倍。

分角色合作的理念，正日益受到行业认可采纳。2018年21世纪建立的M+平台，以及2019年安居客的N+平台，都是对开放合作模式的尝试。2020年9月，易居和阿里联合发布天猫好房，并推出开展地产的交易协作机制（ETC）。该机制旨在"构建一套多方参与、高效协作的开放平台"，并依托阿里的数据、流量和客户，易居的行业能力，力图解决交易环节涉及开发商、代理商、中介渠道等机构的不合作痛点，比如抢单、飞单等问题。

随着交易服务内容从撮合到全流程环节，也随着居住服务涵盖面从二手房到新房等领域，ACN合作机制，也逐渐从二手房交易拓展至新房交易，并连接更多种类的合作伙伴。展望未来，经纪行业的合作将继续延展至开发商、家装公司、金融机构、物业管理商等居住产业链的上下游伙伴，从而为用户提供更好的居住体验。

（四）挑战和应对：数字化提升服务者素质

目前房产经纪行业的发展存在以下几方面挑战。

一是人才升级需求大，技术转型人才不足。房产交易经纪人群学历水平与职业化水平有待提升。在学历方面，美国经纪人中有50%拥有本科及以上学历，而中国拥有专科及以上学历的经纪人占比不到20%。在职业化方面，美国经纪人平均从业年限在8年以上，而中国200万经纪人的平均从业年限不到1年。职业化教育的不足与从业年限的短促，造成了交易服务水平低下和吃差价、虚假房源等短期职业行为，使消费者的体验与利益无法得到保障。在存量市场转型和社区消费升级的背景下，供给侧服务者品质已成为制约房产经纪行业转型升级的瓶颈。产业数字化人才不足，难以适应新业态需求。以"线上化、大数据、云计算、VR技术、物联网"及新基建为底层的技术革命，正在引领一场居住领域的产业升级。

二是行业信用评估体系不完善。由于房地产中介行业的经营主体分散，服务者准入门槛不高，信用体系建设难度大。大量的中小机构存在，信用意识不强；同时政府部门信用信息的及时性、准确性不足。在这一背景下，中介机构由于经营压力，发布虚假房源、经纪人跳单、提供虚假信息、出具虚假报告等行为屡禁不止；一系列的不守信行为更加剧了不正当竞争。

信用体系的挑战，一方面需对市场从业者设置更高准入门槛，另一方面也需要通过政府企业合作，对市场的交易信用信息进行整合与评估；并在此基础上通过政策引导、市场机制、行业自律、新技术应用等多种方式综合实施行业信用管理。

三是数据安全与数据壁垒的平衡。一方面，伴随数字安全法与个人信息保护法等立法议题的讨论，房产经纪行业及其他房产服务企业对用户数据隐私、用户数据保护、企业数据流转的重视增加。另一方面，企业内部数据、上下游企业间数据、政府公共数据还存在信息孤岛、标准不统一、协作缺失等问题，使得数据价值没有得到释放，也为产业数字化发展带来了挑战。

为促进经纪行业转型升级，未来要从以下几个方面推动。

一是构建居住行业专业人才学历教育及职业教育体系。首先，促进职业院校的课程培养和经纪服务的专业场景衔接。经纪服务职业技能等级证书和标准，可与中职、高职、应用性本科教育等分层次学历培养体系相对应。具体而言，面向房地产经营与管理、物业管理、市场营销、工商管理、酒店管理等相关专业人群，可积极开展复合型的职业人才培养。其次，职业教育可与企业实际岗位需求形成对接，形成实习、预招、共建专业等多层次合作，从而一定程度上填补了房地产经纪行业的人才缺口。

二是形成房产服务行业信用评价机制。在理论层面，由政府牵头，对房地产经纪行业信用体系作整体研究，丰富其评价模型和评价指标。在信用体系的应用方面，可以细化市场机制、提高企业的参与度，以信用数据（记录）作为促进经纪行业优胜劣汰的手段。同时建立信息公开、信用查询机制，促使房地产经纪机构及从业人员诚信经营、规范服务。

三是在安全前提下推动数据流通共享，制定规范和标准。一方面，企业需关注并配合国家数据安全法律法规，在合规、业务规范、数据安全技术（如数据加密技术等）上做人才与机制上的未雨绸缪。另一方面，要积极挖掘数据协作价值，带动产业数字化，并提升社会综合治理能力。为此，需在产品开发、行业合作、技术底层应用、激励机制等方面，进行系统的研究与探索。

四是通过政策与监督管理，提供良好的数字化转型环境与政策保障。建立跨部门协作的数字化政策，更新竞争监管政策。重新识别产业互联网平台的市场力量，更新竞争监管政策。基于产业互联网平台的技术和数据积累,加快网签备案、产权核验、缴税过户、社区治理等服务的数字化改造,实现政务流程的重塑,同时推进居住服务业数字化协同共治,形成与产业互联平台分工协同的社会治理结构(见图9-12)。

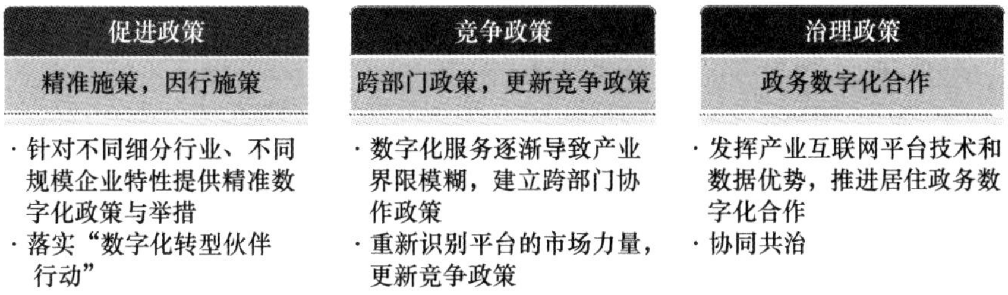

促进政策	竞争政策	治理政策
精准施策,因行施策	跨部门政策,更新竞争政策	政务数字化合作
·针对不同细分行业、不同规模企业特性提供精准数字化政策与举措 ·落实"数字化转型伙伴行动"	·数字化服务逐渐导致产业界限模糊,建立跨部门协作政策 ·重新识别平台的市场力量,更新竞争政策	·发挥产业互联网平台技术和数据优势,推进居住政务数字化合作 ·协同共治

图9-12 政策在居住服务业数字化转型的政策保障

资料来源:贝壳研究院。

十　长租公寓是否还有春天

2020年，长租企业遭遇滑铁卢，超过40家企业面临资金链断裂或爆雷。这是由于疫情冲击，还是模式原罪？这一切是如何发生的？如何看待长租公寓这一模式的问题？未来行业会走向何方？本章会对2020年租赁市场进行复盘并展望2021年租赁市场发展趋势。

（一）行业困境：企业风险触发

在疫情的冲击下，租赁市场遇冷，长租企业出租率下降、违约率提升，现金流普遍吃紧。依据公开信息不完全统计，2020年超40家长租企业陷入经营纠纷或资金链断裂。一方面疫情加速了长租企业经营风险的暴露，行业"爆雷"事件频频传出，企业面临经营大考；另一方面，长租企业的经营环境变化，企业拓展速度停滞，融资难度增加。长租企业分化加剧，优胜劣汰导致行业集中度进一步提升。

1. 疫情加剧企业经营风险，"爆雷"事件增加

在疫情影响下，长租企业的空置率增加、出租率降低，使得原本就紧张的现金流岌岌可危，长租公寓"爆雷"的企业数量增加。根据不完全统计，2017年至今，媒体公开的陷入资金链断裂、经营纠纷及"跑路"的企业中，"爆雷"时间发生在2020年的企业占比近四成。

2. 长租企业拓展速度放缓，长租公寓的热情减退

截至目前，依据笔者对公开信息的统计，TOP100 房企中已有近五成涉足长租公寓，其中 2017—2019 年涉足长租公寓业务的房企占比超过 75%（见图 10-1）。据统计，房企为租赁市场提供的机构化房源占比超两成。2020 年 TOP100 房企中仅 2 家新开拓长租公寓业务。依据不完全统计，2020 年疫情影响下，长租企业的城市选择较为集中，普遍选择较审慎的布局方式，北上广深杭为房企长租公寓布局战略高地，同时，根据对 TOP100 长租公寓品牌其门店数量最多的前五个城市也为北上广深杭，在北京、上海、深圳等 13 个城市的数量占 TOP10 门店总数的近 85%（见图 10-2、图 10-3）。

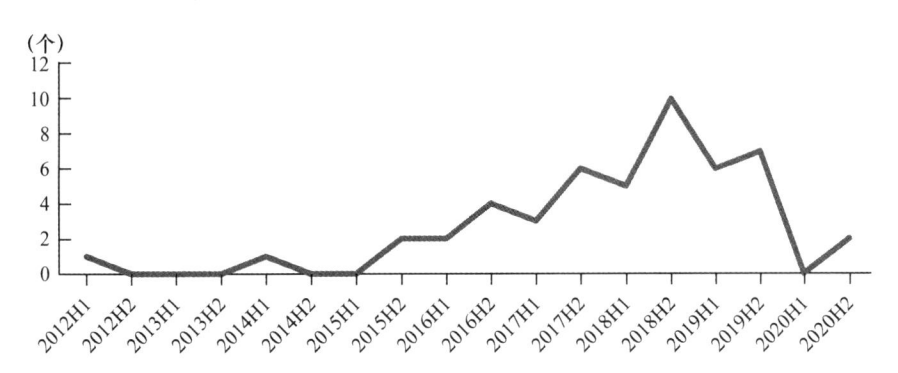

图 10-1 TOP100 地产企业涉足长租公寓的时间分布

资料来源：贝壳研究院整理。

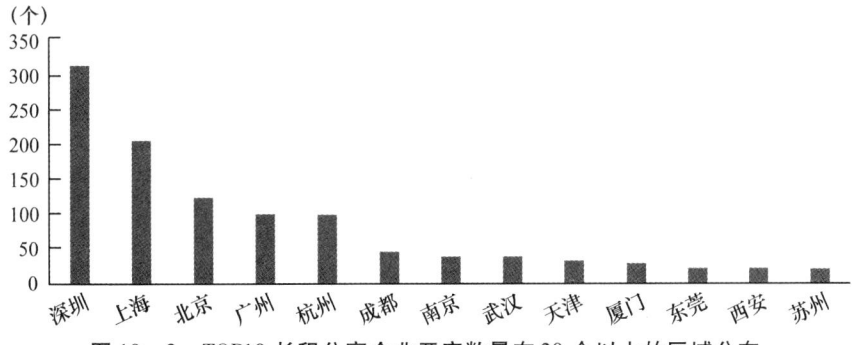

图 10-2 TOP10 长租公寓企业开店数量在 20 个以上的区域分布

资料来源：贝壳研究院整理。

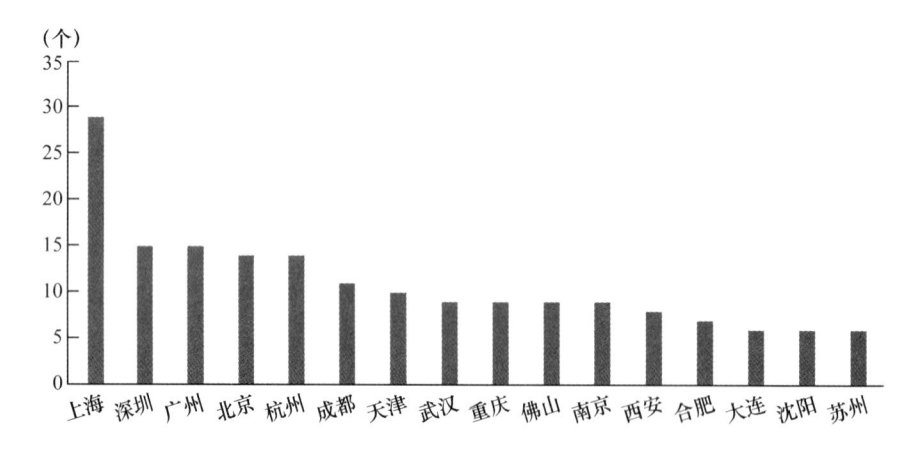

图 10-3　TOP100 房企长租公寓业务的区域分布

资料来源：贝壳研究院整理。

3. 企业融资难度增加，渠道收窄，总体融资金额呈现下降趋势

一是长租公寓企业受制于单一的抵押担保方式，参与债权融资有难度。如银行贷款、CMBS 等要求抵押物业所有权，目前的发行主体多为开发企业，大部分转租模式的长租公寓企业无资产可抵押，难以通过此类融资渠道募集资金（见图 10-4）。二是长租公寓股权融资已进入谨慎投资阶段，在行业早期，成立于北京、上海等一、二线城市的头部企业更容易获得资本青睐（见图 10-5），2020 年长租公寓企业获得股权融资的规模显著下降。三是 ABS 发行规模减小，ABS 更适用于租金收益良好、运营能力强的头部企业。ABS 发行审批严格，需对企业历史经营情况、租约履行情况、租客信用等进行考评，多数企业难以达到要求。四是国内类 REITs 产品面临流动性、底层物业适用性及双重征税等问题，尚不具备标准化 REITs 的发行条件。

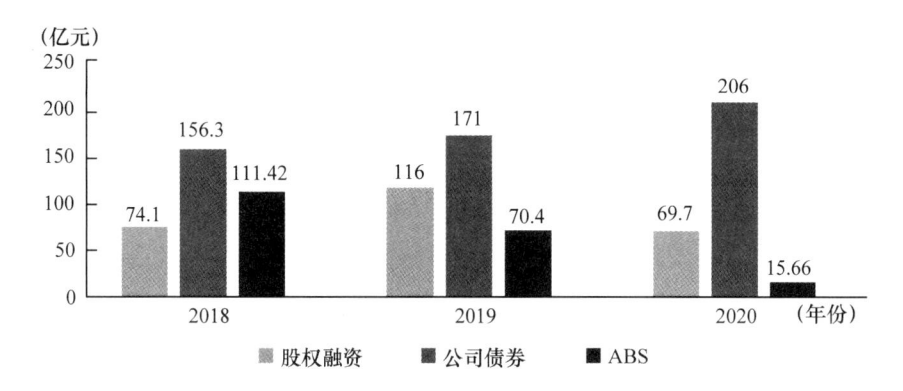

图 10-4　2018—2020 年住房租赁领域融资金额

数据来源：公开信息，上交所、深交所官网，贝壳研究院整理。

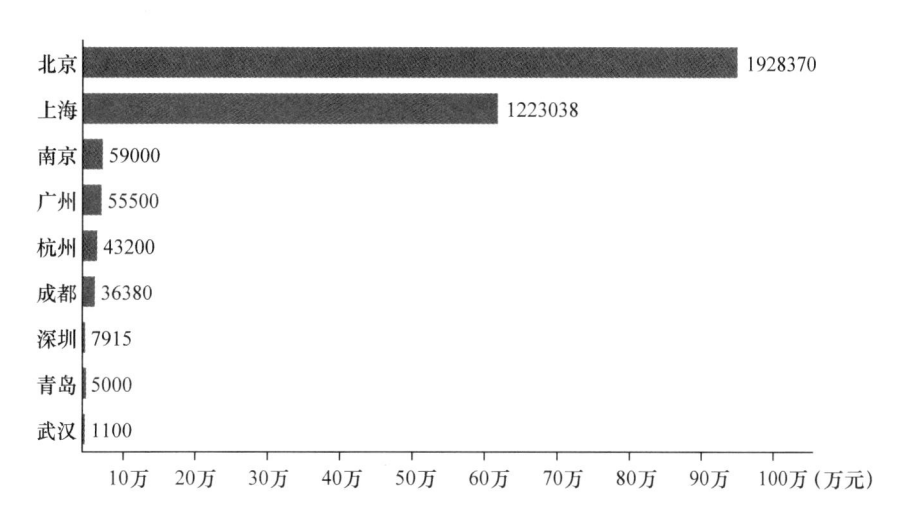

城市	金额（万元）
北京	1928370
上海	1223038
南京	59000
广州	55500
杭州	43200
成都	36380
深圳	7915
青岛	5000
武汉	1100

图 10-5　2012—2020 按总部城市分布的长租公寓公开股权融资总额

数据来源：公开资料，贝壳研究院整理。

（二）复盘回顾："规模陷阱"

长租行业经过了近十年的发展，经历了从萌芽期到快速发展期的转变。整体看，长租行业的发展历程可以分为几个阶段。

第一阶段是 2010—2014 年，在此期间，长租公寓行业开始萌芽，少量企业开始试水租赁业务，逐渐探索商业模式的可行性。

第二个阶段为 2015—2017 年，行业处于起跑阶段，不少企业开始加大该领域业务的投入。

2017—2019年行业进入第三个阶段，发展加速且大量企业试水租赁业务，并扩大管理房间规模。

2019年至今，行业阵痛初现，企业经过一段时间的运营和试错，由于前期大规模扩张，开始陆续有经营不善的长租公寓企业陷入经营纠纷、资金链断裂或倒闭。

2020年的疫情作为"黑天鹅"事件，行业按下了暂停键，租赁市场热度迅速下降、市场需求缩减或推迟，随之长租公寓出租难度增加、空置率提升，"爆雷"事件频频发生，影响了房东和租客的权益。

表面上，疫情是影响租赁机构生存的直接原因。2020年，新冠肺炎疫情影响下，租赁市场陷入寒冬。全国重点40城租金水平触底，同比降幅近9.9%。依据贝壳研究院数据，2020年全国重点40城①平均月租金为37.8元/平方米，同比下降9.9%（见图10-6）。一、二线城市同比降幅均达4.0%，三线城市同

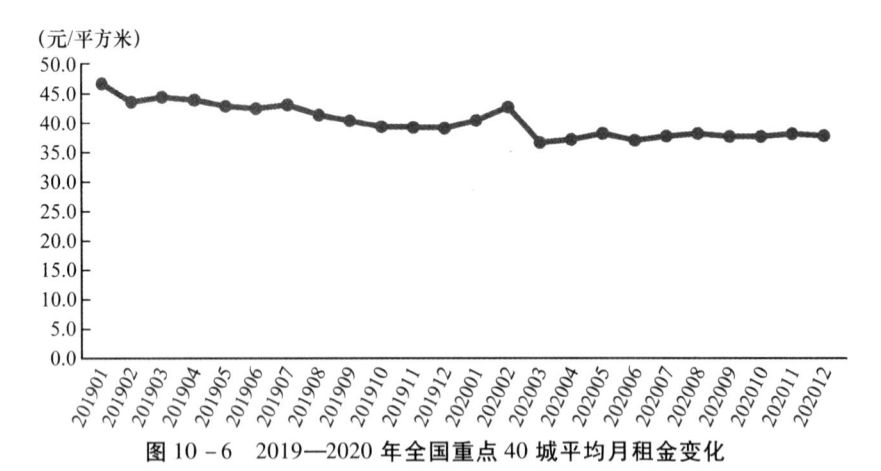

图10-6　2019—2020年全国重点40城平均月租金变化
资料来源：贝壳研究院

---

① 重点40城的选取标准是以各城市2019年的租赁GMV为主导因素，综合考虑贝壳平台的样本量、区域的分布情况。重点40城覆盖了全国东北、西北、西部、中部、东南沿海、环渤海及长三角区域等七大区域。

比下降1.5%（见表10-1）。

表10-1　2020年重点40城平均月租金及同比涨跌幅

城市分级	城市名称	平均月租金（元/平方米）	同比涨跌幅（%）
一线	北京市	82.8	-3.4%
	上海市	79.5	4.5%
	深圳市	78.4	0.2%
	广州市	42.9	-6.2%
二线	杭州市	49.9	-1.8%
	南京市	40.6	-2.0%
	厦门市	34.5	2.8%
	福州市	33.7	1.5%
	苏州市	31.5	-9.6%
	大连市	30.5	-6.2%
	宁波市	29.4	-5.4%
	天津市	28.5	-4.9%
	东莞市	28.0	-2.9%
	成都市	27.6	-2.8%
	武汉市	26.9	-8.8%
	无锡市	25.9	-1.4%
	佛山市	25.8	-6.6%
	郑州市	25.6	-7.2%
	西安市	25.3	-0.3%
	青岛市	25.2	-9.3%
	济南市	25.2	-5.0%
	长沙市	25.0	-4.1%
	重庆市	24.9	-5.5%
	合肥市	24.1	-2.1%
	长春市	23.6	-5.3%
	南昌市	23.6	-10.6%
	沈阳市	23.6	-6.2%
	哈尔滨市	21.8	-4.2%
	烟台市	19.6	-5.5%
	石家庄市	19.0	-0.9%
	南通市	18.6	-5.5%
	徐州市	18.3	-2.3%

续表

城市分级	城市名称	平均月租金（元/平方米）	同比涨跌幅（%）
三线	兰州市	24.2	0.4%
	贵阳市	21.8	-5.9%
	中山市	20.8	-2.9%
	太原市	20.1	-6.5%
	呼和浩特市	19.4	-3.9%
	惠州市	19.2	-3.8%
	廊坊市	18.4	-4.9%
	芜湖市	16.6	-0.9%

数据来源：贝壳研究院。

市场成交放缓，业主出租预期下降。依据贝壳研究院数据，2020年全国重点40城新增房源挂牌均价为38.3元/平方米，同比下降7.2%，近九成的城市业主预期均呈现下降态势（见图10-7）。从租客议价空间数据来看，七成城市议价空间上涨。由于疫情导致阶段性空置房源大幅增加，业主出租房屋信心减弱，持续下调预期租金，租客掌握更强的议价能力。租金收益率同比下降，依据贝壳研究院数据，2020年全国重点40城平均租金收益率为1.9%，同比下降了0.1个百分点。自2018年11月，全国重点40城租金收益率整体呈现下滑趋势（图10-8）。但市场因素只是导火索，实际上长租公寓企业产生风险问题具有三方面的内在原因。

首先，长租公寓商业模式单一、灵活性差。一是租金成本高，目前大部分的长租公寓采取的都是包租模式，从业主处租赁房源，之后经过装修再出租给租客，租金成本在总成本中占比超过50%，而装修和运营也需要较高的成本投入（见图10-9）。二是灵活性差，公寓在租赁到房源之后可以获得一定期限的免租期，免租期过后则需要按月或季度缴纳租金。通常长租公寓会与业主签订3—5年的租赁合同，在约定期限之后租金会按比例增长。而在遭遇市场风险和变动的情况下，仍然要按约定缴纳租金。三是精细化运营要求高，长租公寓企业理论上来讲应当"以出定收"，根据出房情况来决定收房速度，将库存维持在健康水平。而部分企业为了拓展规模会相对激进地收房，而出租能力低可能导致空置率较高，现金流原本就岌岌可危，因此更加难以抵御市场风险。

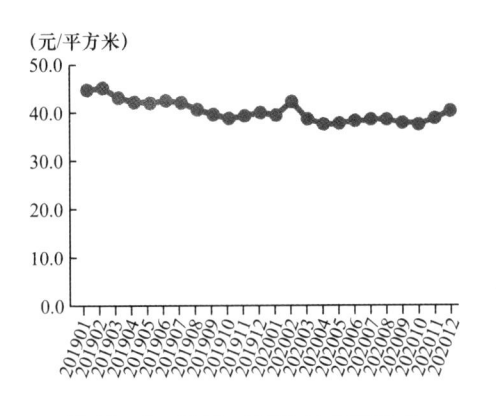

图10-7 2019—2020年全国重点40城新增挂牌房源均价

数据来源：贝壳研究院。

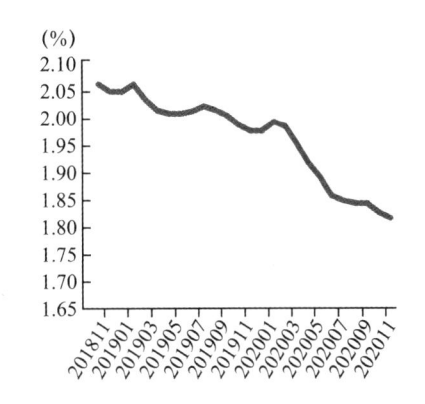

图10-8 2018—2020年全国重点40城租金收益率

数据来源：贝壳研究院。

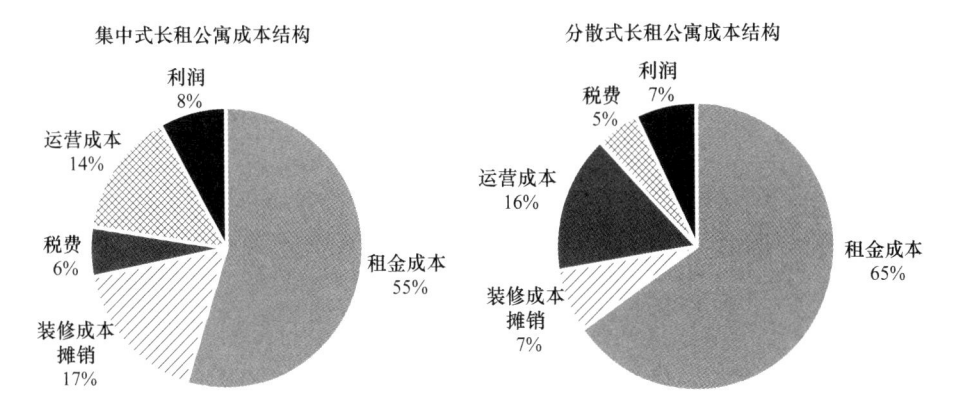

图10-9 长租公寓成本结构

数据来源：贝壳研究院。

其次，包租企业融资困难，企业容易倾向于使用租金贷扩张。目前我国长租公寓企业普遍面临融资渠道窄、融资成本高的问题，企业依靠长周期预收资金作为主要资金来源。一是长租公寓企业受制于单一的抵押担保方式，参与债权融资有难度。如银行贷款、CMBS等均要求抵押物业所有权，但大部分转租模式的长租公寓企业无资产可抵押，难以通过此类融资渠道募集资金。ABS发行审批严格，需对企业历史经营情况、租约履行情况、租客信用等进行考评，多数企业难以达到要求。国内类REITs产品面临流动性、底层物业适用性及双重征税等问题，尚不具备标准REITs发行条件。因此，部分长租公寓企业通过"高收低出""长收短付"（高价获取房源低价出租、依赖收取租客租金与支付房东租金的时间差）短时间内沉淀大量资金。

最后，行业进入门槛过低，鱼龙混杂。据不完全统计，在经营问题样本企业中，存在经营风险的长租公寓企业存在几大基本特征：一是注册资本额较小，近六成的企业注册资本金额在200万元以下；二是企业前期运营无实际资金投入，超九成的企业无实缴注册资本。行业缺乏准入门槛，部分长租公寓企业经营能力不足，但盲目扩大管理房间规模。部分企业为了加快房源拓展速度，并未考虑自身的运营管理能力，出现了房源数量和能力断层的现象，最后导致资金链断裂。

实际上，近年来长租公寓企业的发展已经陷入了一个规模陷阱。

（三）重新审视：产品模式待变革

在行业发展的现阶段，机构化租赁需要重新审视商业模式，不断迭代，在市场中突围。

首先需要明确的是，租赁机构化、专业化运营是发展趋势，核心原因是帮助业主提供专业的管理服务，为租客提供规范的租后服务。

但是，机构化运营的模式分为托管（包括轻托管以及包租两种模式）以及重资产持有运营两种方式。几种模式中，"包租"模式的占比最高，也是中小长租公寓企业普遍采用的运营模式。我国的"包租"模式本质是物业使用权属的转移，机构需要承担前期房源改造的装修投入、房源空置风险以及租后服务等，也就加大了"包租"模式的成本投入。在房租收入降低的情况下，就加大了机构运营的风险。不同于国内的"包租"，国外的租赁住房采用的托管模式更"轻"，托管房源在私人租赁房源中占比更高，行业发展成熟。长租公寓行业的本质是私人业主租赁房源的托管服务。

比如，美国有46.6%的租赁房源是由物业管理经理（业主直接雇用物业管理经理个人）以及物业管理公司（业主与公司签订托管合同）管理的（见图10-10a）。美国的住房托管是轻托管的模式，房源方把房屋委托给住房管理公司，由其代为出租，并完成租后维修、保洁等管理工作。同时，资产管理公司以收取经纪佣金和管理费作为收入的主要来源。美国的管理公司通常将租赁经纪业务和后期的管理维护业务单独收费，租赁经纪业务通常收取1个月的租金作为中介费，而后期的管理服务费一般是8%—10%的租金或物业管理经理设定的一个固定费用。

英国的私人租赁住房的业主当中，14%的业主会使用经纪人的房屋托管服务。由于英国45%的业主都只拥有一套租赁住房，房源相对集中，因此14%的业主持有的房源比例应远高于14%（见图10-10b）。

日本的个人业主拥有的租赁住宅当中，大约65.2%的住宅由业主完全托管给管理机构运营，租赁房源的前期装修改造费用多由产权持有者承担，机构无须承担；25.5%的住宅属于部分委托管理，管理机构主要负责招租工作，部分住宅也负责一些资产管理工作,如代收取房租之类,其他管理工作则由业主负责;另外9.3%的租赁住房完全由房东负责管理,包括招租和租后管理工作(见图10-10c)。民营租赁中其他15%的租赁房屋由法人所有实际上也是机构化租赁。

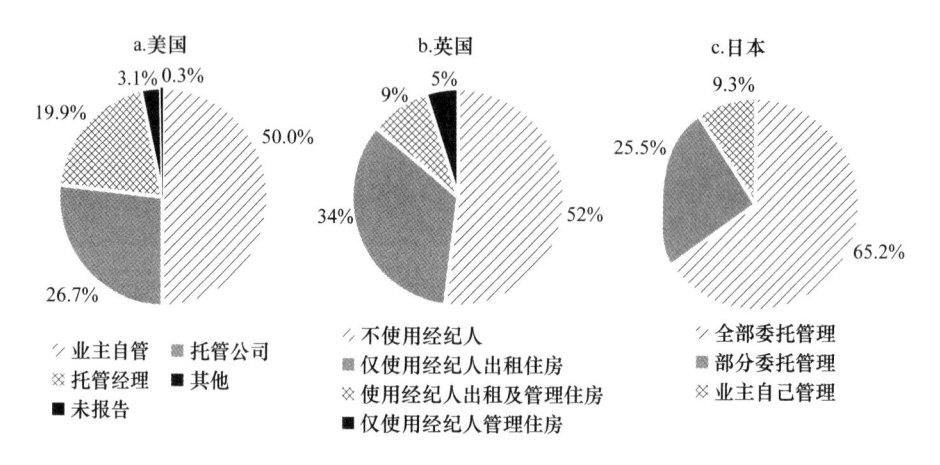

图 10-10 2015 年美国、英国和日本租赁住房运营方构成

数据来源:RHFS2015,England private landlord survey 2018,日本不动产研究所。贝壳研究院整理。

我国中小尾部长租公寓以"包租"模式为主。与日本、英国等发达国家的机构化租赁模式相比,该模式的弊端有两方面:一是前期装修成本投入较高,收回成本需要较长中后期;二是需要由机构承担空置风险,尤其是市场下行时期的风险会加剧。机构化租赁的本质是长期精耕的服务,并不是一门赚钱的"生意"。因此,对于资金实力和运营能力较弱的中小长租公寓企业,应逐步迭代自身的商业模式,增加抗风险能力。

应当说,把房东的房子拿过来装修改造,是年轻人对租房的品质要求与我国房子大量老化的矛盾所决定的,确实得到了消费者的认可。但这种模式由于其内在的原因以及当前条件的限制,需要高超的运营能力,并非所有企业都能够适用。对于中小企业而言,"轻托管"模式既能够帮助业主打理房屋,又不会背负过高的改造成本；对于具备资金实力且具有自持物业的长租企业而言，选择重资产持有运营模式更适合企业长期发展。

（四）未来行动：迭代与递归

第一，要坚持机构化租赁的方向不动摇。过去租赁行业发展混乱，消费者不满意，主要原因是分散的市场主体难以监管，专业机构渗透率极低，市场缺乏相应的底线和标准。租赁是"十四五"期间房地产发展重点方向，规划建议指出，要探索支持利用集体建设用地按照规划建设租赁住房，完善长租房政策，扩大保障性租赁住房供给。"十四五"期间，集体土地上的租赁房源将大幅增加，长租公寓企业将在土地及财税方面获得进一步支持，同时在资金运作方面受监管加强，运营更加稳健。租赁要能成为居民居住方式的重要补充，租住权益升级至关重要，未来社区公共配套投入加强，租户租住品质改善，且能享受的公共服务范围进一步扩大。

第二，逐步解决行业融资难题。针对目前长租公寓企业的融资难题，住建部《住房租赁条例》征求意见稿中，明确了本着风险可控、商业可持续的原则创新针对住房租赁的金融产品和服务（见图10-11）。加快解决国内类REITs产品流动性、底

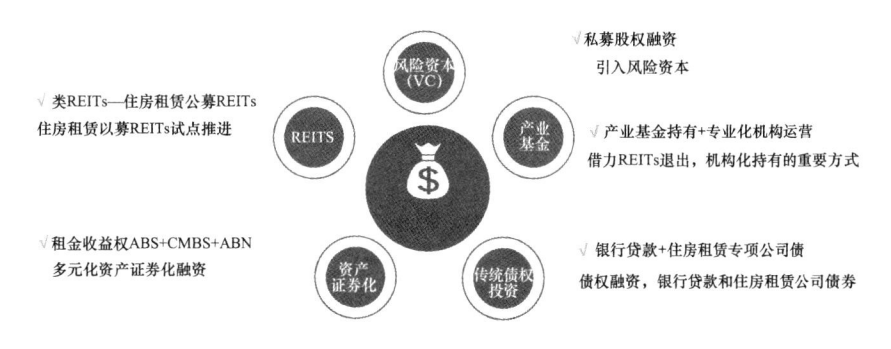

图 10-11 长租企业主要融资渠道

资料来源：贝壳研究院整理。

层物业适用性及双重征税等问题,支持发展住房租赁REITs(见表10-2),支持住房租赁企业发行企业债券等融资公司信用类债券及资产支持证券,专门用于发展住房租赁业务,有望逐步解决长租公寓企业融资难题。

表10-2　　　　　我国类REITs与标准REITs差异比较

属性	标准REITs	类REITs
产品属性	权益型为主	固定收益为主
组织形式	公司型	契约型
底层物业	多个物业	单一物业
资产管理	对物业进行主动管理	对物业以被动管理为主
产品期限	永续	有存续期,有效期较短,一般三年设置开放期
收益及退出方式	分红及资本增值,证券市场交易退出	优先级固定收益,次级为剩余收益;持有到期为主
增信措施	少部分产品具有收益支持增信	多具有差额不足及流动性支持增信
法律税收特性	超过90%分红可抵扣企业所得税	无优惠,产品有增值税

资料来源:公开资料,贝壳研究院整理。

第三,加强对企业合规化经营的监管。为了解决"高收低出""长收短付"带来的资金问题,针对企业的"长周期预收租金"的监管会日益加强,倒逼企业"去杠杆化",此方式一定程度上能规避"高收低出"的模式问题。运营能力较差、以长周期预收资金为主要经营现金流来源的企业会首先受到重创,并逐步被淘汰(见图10-12)。一方面,通过资金监管推动企业优化自身经营能力,降本增效,注重单店盈利模型,倒逼企业做好能力建设。另一方面,长租公寓企业需要进一步规范资金使用制度,审查自身合规性,同时做好"以出定收"的成本管理，精细化运营保持稳定健康的现金流。

政策：资金分类监管、分步实施资金监管或逐步向存在"高收低出""长收短付"现象较多的城市推广，分类监管、分步实施

行业：机构经营风险面临考验企业聚焦自身运营能力建设，降低尾部企业经营风险

机构：企业倒逼去杠杆化使用"长周期预收"资金池作为主要经营资金的长租公寓企业，或面临加速"去杠杆化"

图 10-12 企业合规化经营监管

数据来源：贝壳研究院整理。

第四，企业需不断迭代商业模式，向"轻"和"重"两端进化（见图10-13）。企业需要不断向"轻"和"重"的两端进化，同时注重自身的专业运营能力建设，满足租客的消费升级需求是其市场的核心竞争力，因此，不论是轻资产模式还是重资产模式，租赁企业都需要输出专业品牌和服务能力，不断提升市场竞争力。

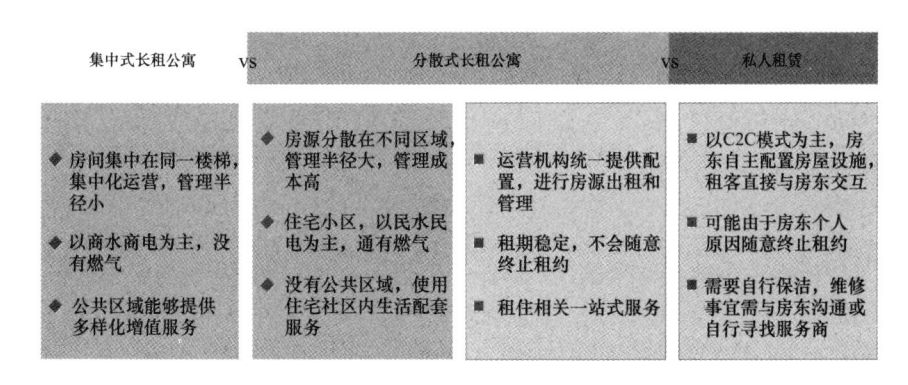

集中式长租公寓	vs	分散式长租公寓	vs	私人租赁
◆ 房间集中在同一楼梯，集中化运营，管理半径小 ◆ 以商水商电为主，没有燃气 ◆ 公共区域能够提供多样化增值服务		◆ 房源分散在不同区域，管理半径大，管理成本高 ◆ 住宅小区，以民水民电为主，通有燃气 ◆ 没有公共区域，使用住宅社区内生活配套服务		■ 运营机构统一提供配置，进行房源出租和管理 ■ 租期稳定，不会随意终止租约 ■ 租住相关一站式服务		■ 以C2C模式为主，房东自主配置房屋设施，租客直接与房东交互 ■ 可能由于房东个人原因随意终止租约 ■ 需要自行保洁，维修事宜需与房东沟通或自行寻找服务商

图 10-13 集中式长租公寓、分散式长租公寓及私人租赁对比

资料来源：贝壳研究院整理。

十一　老旧小区改造蓄势待发

2020年是老旧小区改造的元年，尽管政策大力支持，但市场上仍以观望为主。老旧小区改造是一个万亿的市场，但想进入这片蓝海却并不容易。从试点经验上看，未来应当如何引导更多的社会力量参与改造？

（一）老旧小区改造的价值

这次疫情暴露出我国社区管理和服务方面存在的短板。疫情封闭之际，人们一天24小时封闭在房间里，明显感受到房子不够住、居住环境差。社区缺乏健身场地和儿童游乐园等配套、楼间采光不足、社区不封闭而无法保证安全等也是影响消费者居住体验的重要因素。

消费者需要居室能满足家庭成员的不同使用场景，要有充足的生态绿化空间、完善的医疗环境及商业配套，要有品质的居住服务。尤其是"90后"群体，看重的顺序依次是：距离、教育、品牌、多功能大客厅。显然，私人空间与公共空间的联系越来越紧密。过去有房即可"蜗居"，未来消费者会更看重房子的社会价值。

但从城市发展的实际情况来看，老旧小区居住空间普遍逼仄，环境配套较差。从贝壳近五年的成交数据看，北京楼龄在20年及以上的房屋中46%面积在60平方米以下，90%在90平方米以下，120平方米以上的占比仅4%（见图11-1）。老旧房屋居住空间普遍拥挤。

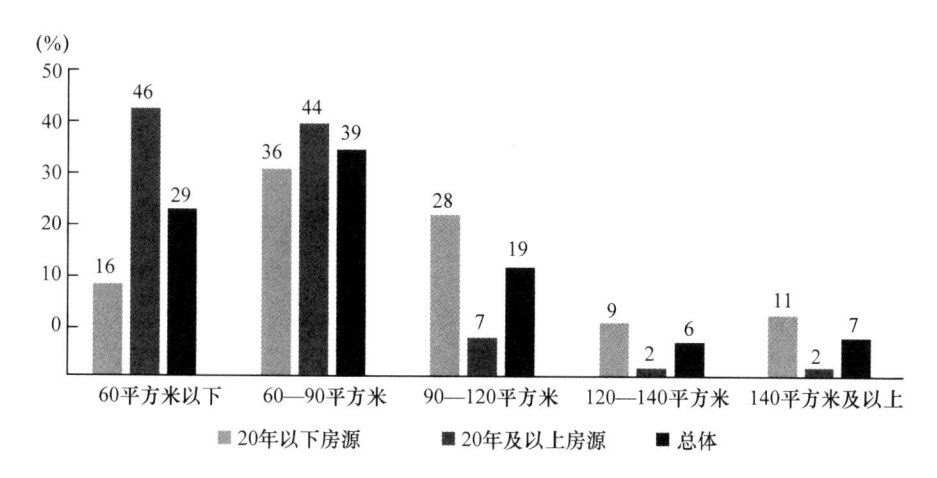

图11-1 北京链家近五年成交的不同楼龄段房源面积分布

数据来源：贝壳研究院。

贝壳楼盘字典数据显示，北京所有存量小区中近六成小区有电梯，而楼龄在20年及以上的老旧小区超六成无电梯。此外有16%的老旧小区没有集中供暖，20%的老旧小区绿化率不足（绿化率30%以下）。北京所有存量小区中仅12%的小区无门禁系统，而老旧小区中这一比例为26%。老旧小区普遍没有人车分流。车位配比不足1的老旧小区占比超七成。40%的老旧小区物业不具备资质（见表11-1）。

表11-1 北京楼龄在20年及以上的老旧小区画像

	无电梯小区	无集中供暖	绿化不足	无门禁系统	车位配比不足1	物业不具资质
比重	66%	16%	20%	26%	72%	40%
个数	3370	820	1000	1300	3600	2000

数据来源：贝壳研究院。

疫情之后，国家实施新基建计划，新基建将会改变城市地理格局。国家发布老旧小区改造计划，为老旧小区补短板，让老城区焕发新活力。美国、日本经过旧城改造，原本迁出去的人又回到城市中心。这些意味着，未来房地产的发展不再仅仅是建设私人空间，而是要构建一个宜居宜业的生态体系，让人能够更好地与社区、与城市融合发展。

进入存量时代，房地产对经济的拉动作用从投资转为消费，而城镇老旧小区改造是房地产消费的重要且迫切的组成部分。2020 年政府工作报告指出，"实施扩大内需战略，推动经济发展方式加快转变我国内需潜力大，要深化供给侧结构性改革，突出民生导向，使提振消费与扩大投资有效结合、相互促进"。4 月 16 日，国务院政策例行吹风会指出"推进老旧小区改造是扩大内需的重要举措"。7 月 20 日，国务院办公室厅再次强调城镇老旧小区改造，正式印发《关于全面推进城镇老旧小区改造工作的指导意见》，城镇老旧小区改造内容可分为基础类、完善类、提升类三类。基础类改造旨在完善基础设施、满足居民最基本的生活需求；完善类改造主要是为了满足居民生活便利需要和改善生活需求，包括加装电梯、停车场、物业用房、无障碍设施等；提升类改造，包括增加社区养老、托幼、家政、卫生防疫、助餐等，旨在提升社区公共服务水平（见表 11 - 2）。除基础类项目实施统一改造外，提升和完善类可由居民菜单式选择改造内容。住房和城乡建设部等部门下发《关于开展城市居住社区建设补短板行动的意见》，要求到 2025 年基本补齐既有居住社区设施短板，新建居住社区同步配建各类设施，城市居住社区环境明显改善，共建共治共享机制不断健全，全国地级及以上城市完整居住社区覆盖率显著提升。

在政策推动下，老旧小区改造能够带来巨大的商业机会。基础类改造可以直接带动固定投资增长，间接带动钢材、外墙涂料、水泥、砂浆、建筑保温材料、木材等建筑材料和建筑设计等建筑装修产业链需求量增加。完善类与提升类改造，如增设停车场、加装电梯改造，一方面可以带动停车设备、电梯设备购置需求增加，另一方面可以带动汽车消费需求、电梯后续维护需求、停车与小区物业管理等需求，休闲健身、养老托幼等其他设施也能够引致社区居民对当地社区内餐饮、零售、教育、养老等服务的消费需求。

2020年各地计划改造城镇老旧小区3.9万个，涉及居民近700万户，比2019年增加一倍。截至10月新开工改造小区数已经完成年度计划任务的94.6%。住建部公布数据显示，2020年1—10月，全国新开工改造城镇老旧小区3.7万个，涉及居民687.35万户。其中，海南、安徽、江苏、河北、甘肃、山东、内蒙古、北京、天津、吉林、广西、黑龙江、青海、上海、辽宁、宁夏等16省市已全部开工，全国城镇老旧小区改造速度明显加快。根据规划，"十四五"期间全国计划再改造居民户数约3500万户，基本完成2000年底以前建成的老旧小区的改造任务。按照住建部标准，全国待改造的老旧小区达17万个，涉及建筑面积达40亿平方米，老旧小区数量最多的三个城市为上海、成都和北京（见图11-2）。

表11-2　　　　　　　城镇老旧小区改造内容分类

改造内容	改造目的	项目大类	改造项目细分
基础类	满足居民安全需要和基本生活需求	市政配套基础设施改造提升	包括改造提升小区内部及与小区联系的供水、排水、供电、弱电、道路、供气、供热、消防、安防、生活垃圾分类、移动通信等基础设施，以及光纤入户、架空线规整（入地）等
		小区内建筑物屋面、外墙、楼梯等公共部位维修等	

续表

改造内容	改造目的	项目大类	改造项目细分
完善类	满足居民生活便利需要和改善生活需求	环境及配套设施改造建设	包括拆除违法建筑，整治小区及周边绿化、照明等环境，改造或建设小区及周边适老设施、无障碍设施、停车库（场）、电动自行车及汽车充电设施、智能快件箱、智能信包箱、文化休闲设施、体育健身设施、物业用房等配套设施
		小区内建筑节能改造	
		有条件的楼栋加装电梯等	
提升类	丰富社区服务供给、提升居民生活品质、立足小区及周边实际条件积极推进的内容	公共服务设施配套建设及其智慧化改造	包括改造或建设小区及周边的社区综合服务设施、卫生服务站等公共卫生设施、幼儿园等教育设施、周界防护等智能感知设施，以及养老、托育、助餐、家政保洁、便民市场、便利店、邮政快递末端综合服务站等社区专项服务设施

资料来源：国务院办公厅：《关于全面推进城镇老旧小区改造工作的指导意见》。

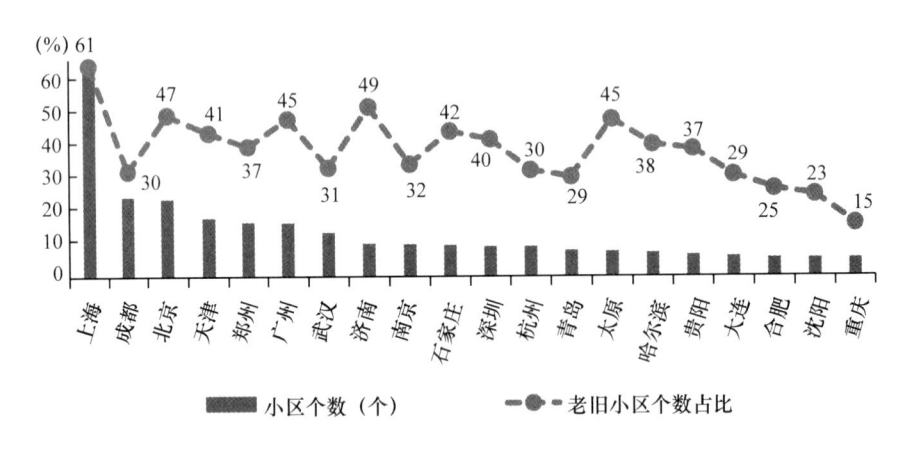

图 11-2 2000 年及以前小区个数 TOP 20 城市

数据来源：贝壳研究院。

根据财政部2020年中央和地方预算草案的报告，中央财政城镇保障性安居工程补助资金安排707亿元，重点支持城镇老旧小区改造和发展租赁住房，加强城市困难群众住房保障，继续支持棚户区改造。根据国家发改委固定资产投资司数据，2020年中央预算内城镇老旧小区改造投资安排543亿元，截至7月21日已经全部下达完毕，较2019年实现翻番。住建部2020年还推动金融机构拿出4360亿元贷款，支持老旧小区改造。愿景集团在山东济宁的改造项目，成功申请到国开行5亿元贷款，成为金融支持城镇老旧小区改造贷款的第一单。

（二）老旧小区改造的挑战与应对

各地落实并推进老旧小区改造的过程中普遍面临三个最重要的难题：第一，居民针对改造意见难以达成统一，阻碍老旧小区改造的实施；第二，居民对于改造经济负担的担忧；第三，改造后的物业维护问题。针对这三个关键难题，各地政府在推进老旧小区改造的过程中均积极出台相关政策以突破三大难题。

第一，调整改造项目居民议定标准，降低立项难度。如北京市劲松小区改造是北京首个通过正规"双过半"程序引入社会力量投资及持续深度运营的老旧小区，通过"政府统筹，街乡主导，社区协调，居民议事，企业运作"的"五方联动"机制，充分赋权社会企业以主体身份参与改造工作。大连市出台政策，调整了居民议定标准，将现有政策"加装电梯须经本单元全体业主同意，并经本栋住宅三分之二以上的业主同意"调整为"加装电梯须经本单元三分之二以上的业主同意"，取消了体业主同意这一要求。

第二，拓展老旧小区改造资金来源。在改造资金方面，建立可持续的资金筹措机制（见图11-3）。政策指出，"一方面，中央给予补助，同时地方政府专项债给予倾斜；另一方面鼓励社会资本和社会力量参与改造运营，帮助完善社区公共服务供给，以服务设施长期运营收入作为盈利点"。

北京市《2020年老旧小区综合整治工作方案》指出，要进

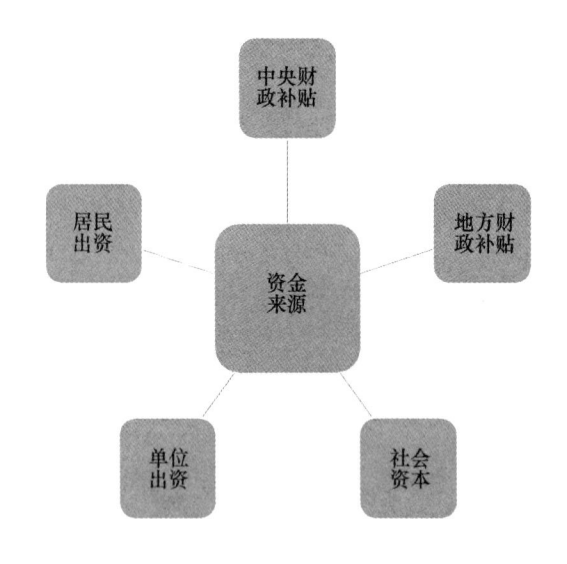

图 11-3　老旧小区改造的资金来源

资料来源：贝壳研究院整理。

一步完善整治资金共担机制，明确政府、个人和企业的出资边界，基础类以政府投入为主，自选类采用居民付费、社会投资的方式实施；指导各区开展财政承受能力评估工作，试点探索社会力量参与后期管理模式。大连《实施意见》明确："满足住房公积金使用条件的，可以按顺序申请提取使用本人及其配偶、本人直系血亲的住房公积金，用于加装电梯中业主个人所需支付的建设资金。"重庆市出台《关于提取住房公积金支付城镇老旧小区自住住房加装电梯费用的通知》（以下简称《通知》），明确符合条件的职工及其直系亲属可提取住房公积金，用于支付城镇老旧小区加装电梯费用，提取金额可按家庭实际承担的费用支出核定。

第三，引入社会资本参与改造后续物业管理。老旧小区改造是伴随城市发展的一个长期推进、持续性投入的发展工程。社会力量参与改造，可以保证资金投入的稳定性、长期性，使老旧小区改造具有持续的动力，从完成时间和目标上保证改造成效，使之成为一项可持续工作。同时，改造完成后的老旧小区续管理和社区治理也很重要，通过社会力量的介入，能够形成后续管理资金运营的造血功能，保证其管理与社区治理无缝衔接的稳定性和长效性。例如，北京市2018—2020年老旧小区综合整治计划中，在明晰政府、市场、业主投资边界基础上，各区负责制定吸引社会资本参与老旧小区综合整治的具体措施，建立受益者付费机制。

以北京已改造的项目劲松社区为例，劲松模式的关键是与居民共商共治、微利运营。

其一，物业管理上实行"先服务、后收钱"。用专业的物业管理服务，让居民对物业管理产生依赖与信任，根据已改项目的运营情况来看，随着物业管理水平不断提升，居民的缴费意愿也越来越强，物业费收取率已达72%。

其二，盘活存量资产做商业运营。由企业运营小区低效空置房地产，可以增加社区内各项附加服务的便利性，同时企业也可以获得相应收益，一举两得。

其三，创新服务逐步收回投资。企业要通过更加专业的管理能力，一方面降低管理成本，另一方面要着眼于长期，未来社区养老、托幼、健康等业态需求逐步增加，这些业务的开展可以成为企业新的盈利增长点，但是微利运营可能是社会资本参与老旧小区改造的普遍状况。

（三）推进社会力量参与老旧小区改造的突破点

目前老旧小区改造的居民出资意愿低，企业参与积极性不高，导致过度依赖财政资金，资金缺口大。企业参与老旧小区改造没有可靠的融资机制，也没有形成成熟的商业运营模式，社会力量参与意愿不高。

老旧小区改造的收入来源于未来长期物业运营收益。以劲松小区为例，愿景集团获得社区里低效闲置空间20年的经营权，低效闲置空间经营所产生的租金收入占愿景集团投资回报的46%。此外，物业费占26%，停车费占19%，其他款项占9%。

老旧小区改造实际上具有较高的运营价值。房屋老旧与地段的价值形成了缺口，而房屋改造能够提升存量资产的价值，是持续运营的基础。从区位来看，老旧社区集中在城市的老城区。这些区域地段租金水平几乎处于北京最高的位置。小区改造一方面提升了存量资产价值，另一方面提升了资产流动性。

当然，要让这些存量设施更加充分地发挥价值，弥补改造成本，政策上还需要进一步支持。

第一，明确老旧小区改造后的持续服务和运营的保障机制，如物业管理、停车管理和便民服务设施等进行市场化运营性收费，以及社区养老服务、电梯运营等服务性收费的合规性。对于小区内低效空间资源的特许经营使用方式及使用时限，给予法律政策层面的明确保障。出台老旧小区规划配套指标体系，鼓励通过新建或改扩建等方式，将闲置空间资源改造成社区停车场、养老、托幼、医疗、助餐等公共服务设施。

第二，支持社会力量通过质押老旧小区更新改造项目收益权的方式来申请金融机构贷款。建议把社会力量与政府部门、街道办事处等签署的合作协议，作为金融机构贷款的审批要件。对于老旧小区改造所形成具有稳定现金流的非产权业务，提供针对性优惠担保费率，降低担保资产抵押和担保措施限制，研究制定政策性担保公司等专项支持政策。

专题　展望"十四五"：存量深化，服务崛起

"十四五"时期，中国房地产政策以防风险、保民生为主。中共中央关于制定"十四五"规划及2035年远景目标的建议提出：

推动金融、房地产同实体经济均衡发展。

全面促进消费。增强消费对经济发展的基础性作用……促进住房消费健康发展。

推进以人为核心的新型城镇化。坚持房子是用来住的、不是用来炒的定位，租购并举、因城施策，促进房地产市场平稳健康发展。

有效增加保障性住房供给，完善土地出让收入分配机制，探索支持利用集体建设用地按照规划建设租赁住房，完善长租房政策，扩大保障性租赁住房供给。

从政策导向看，未来房地产的关键词是均衡、健康、保障。这意味着，未来5年，中国房地产的金融属性逐步减弱，购房需求逐步回归居住本质，由经济增长、人口流动等基本面主导的供需变化，是未来房地产市场的主要驱动因素。

"十四五"期间，中国房地产将会出现几大趋势。

第一，市场存量化程度加深。我国经济增速降低、人口红

利消失，城镇化进程放缓决定了全国住房总需求已经见顶。我国城镇居民家庭户均拥有住房已经超过1套，代表房地产总供应基本满足住房总需求。一方面，一、二线城市尤其是中心区域增量开发空间收窄，追求配套、区位改善的住房需求更多在存量市场上得到满足。另一方面，政府大力推进老旧小区改造，改善存量住宅品质，提升存量房相对新房的竞争力，带动存量房成交占比提升。从房地产市场的发展规律看，二手房市场的发育、成长和壮大是房地产走向成熟的标志。预计五年内新房年销售额从15万亿元稳步回落，二手房市场交易规模保持在7万亿元之上增长。

第二，区域市场分化加剧，马太效应明显。我国目前常住人口城镇化率为63.9%，已经进入到增速放缓的中后期。人口主要是在城市之间流动。"十四五"规划建议指出优化行政区划设置，发挥中心城市和城市群带动作用，建设现代化都市圈。在都市圈、城市群发展战略下，资本、人口等发展要素向大湾区、长三角、成渝等核心城市群集中，区域内中心城市、次中心城市优先承接经济发展、人口流入的利好，住房需求增长。未来人口会进一步向长三角、珠三角及成渝等城市群集聚，房地产市场份额同步向重点城市群集聚，中长期看这些区域住房需求有支撑，市场表现优于其他区域。

第三，从卖方市场到买方市场，行业变革加速。当下及未来一段更长时期内，房屋交易市场从卖方市场到买方市场转移，交易周期会变长，交易难度会变大，交易决策所需求的信息量增大。消费者的核心诉求从过去的"买到"转向"买对"。当市场处于上行周期时，消费者的核心需求是快速买到合适的房，最看重的不是服务质量，而是交易效率。市场处于下行周期时，买方消费意愿不强烈，希望买到更好的房屋但是又不希望付出过多的购房成本，同时，业主卖房压力变大。处于买方市场的消费者更加谨慎，导致交易周期拉长。通常在这个阶段，好的产品以及好的服务方式会迎来创新。开发商会更加注重产品的差异性，经纪人会更加注重专业度，互联网平台给经纪人和经纪公司提供更多元的服务和工具，尽可能满足消费者多样需求，行业的组织模式可能发生重大的转变。

第四，从对数量的要求到对居住品质的要求。随着人口数量红利向人口质量红利转变，中高收入群体扩大，对房屋品质和居住综合环境提出更高要求，带来改善住房需求增长。品质住房不仅仅是居住面积的扩大，并且对产品质量高、配套设施全、社区服务好都有更高的需求。从趋势上看，一方面，首改、再改以及旅居需求成为"新刚需"。另一方面，一、二线重点城市进入"换房"阶段，人们通过二手房市场和存量住房流通，"以小换大""以老换新""以远换近"。未来开发商的产品将根据不同消费者的个性需求采取定制化生产，在房屋节能、环保、智能等方面不断符合美好生活的需求。高品质的物业和社区服务成为好房子必不可少的配置，买卖双方在房屋流通交易过程中也需要得到更加专业的线下服务。

第五，居住消费和服务在价值链中的比重提升。在增量时代，开发和建造是房地产业的主要价值；进入存量时代，未来居住更多的含义将会是消费和服务。以消费者新居住需求为导向，居住行业需要提供给新居住产品和服务，不仅要实现边界的扩展，将原先离散的业务打通，而且要提升产品和服务的质量，构建新的行业生态系统。新居住理念引领下的行业新生态，不仅仅是一二手联动和租购并举，新房、二手房、租赁、设计、装修、物业、家居，以及更多的售前售后服务将被有机地联系起来，形成一个统一的市场体系。如现代物业管理，不仅传统意义上的保洁维修、安保等专业服务需要引入和完善，也需要把物业服务的能力扩展至食堂、健身、托儿、洗衣等社区配套，以及家政、房屋托管、租售，甚至互联网背景下的房屋共享、社区金融以及其他本地生活服务等都有很大的发展空间。这意味着，未来将有一批围绕房屋交易、租赁以及房屋管理的职业化经纪人、房屋管家阶层的出现，实现从业者与消费者的良性互动。

后记与出版说明

长期以来，中国住房市场信息透明度低，公众对市场的认识深受流行性、情绪化观点影响。这导致"羊群行为""买涨不买跌"等现象普遍存在，市场过热与集体观望交替出现。作为国家级专业研究团队，我们致立于通过客观数据与研究，提升住房市场的透明度。从2009年参与创立第一部《住房绿皮书》开始，我们对中国住房市场开展了持续十余年的系统性跟踪监测研究，每年定期发布第三方公益性研究报告。

随着大数据时代的兴起，在中国社会科学院财经战略研究院领导及同事的大力支持下，我们及时采用了新的信息技术，组建了住房大数据研究团队。2016年底，我们利用大数据分析技术和重复交易模型，创办了新型房价指数——纬房指数。在此基础上，利用大数据分析方法，每月发布分析报告《中国住房市场发展月度分析报告》。部分月度研究报告获得相关领导批示，并获得中国社会科学院优秀信息对策奖。为增进研究成果的传播交流，研究团队先后开通、上线了微信公众号"住房大数据"及微信小程序"纬房大数据"等信息交互平台。在持续的住房市场跟踪研究中，特别是住房大数据相关研究中，我们得到了国家自然科学基金、中国社会科学院国情调研重大招标项目、国家统计局全国统计科学重点项目等的资助或支持。

2018年12月，在华夏时报社的支持下，我们完成并发布了第一部《中国住房大数据分析报告》，获得了较好的社会反响。

但受人力条件限制，当期报告并未以实体书的形式出现。随后，我们于2019年12月完成并发布了《中国住房大数据分析报告（2019）》。

初步完成于2020年底的《中国住房大数据分析年度报告（2020—2021）》，为第三部年度《中国住房大数据分析报告》。本年度报告的主题是"大分化时代与新居住展望"。中国社会科学出版社将本书纳入"国家智库报告"系列，给予出版支持。在多方的帮助下，该年度报告第一次以实体书形式出版发行。

基于共同的研究目标，中国社会科学院财经战略研究院住房大数据项目组、上海交通大学住房与城乡建设研究中心、贝壳研究院等国内高水平住房研究团队，共同合作完成了本报告的撰写。

本书以多机构专家学者协作的方式完成，从而汇集了国内知名专家学者及其研究团队的最新研究成果。本书共同著者为：邹琳华（中国社会科学院财经战略研究院）、陈杰（上海交通大学）、李文杰（贝壳研究院）。各部分责任人分别为：第一章—第三章，邹琳华；第四章—第五章，陈杰；第六章—第十一章及专题，李文杰。

未来《中国住房大数据分析报告》计划以每年一部的频率发布出版。我们持续坚持公益性、客观的原则，为提升中国住房市场透明度尽微薄之力。

邹琳华
中国社会科学院财经战略研究院
2021年3月

邹琳华 经济学博士，长期从事房地产市场监测及政策研究。中国社会科学院财经战略研究院住房大数据项目组组长，中国社会科学院竞争力模拟实验室副主任。美国纽约市立大学巴鲁克学院访问学者（2011—2012）。世界华人不动产学会理事。中国城市经济学会房地产专业委员会秘书长。主持中国社会科学院国情调研重大项目、国家自然科学基金面上项目等多项重要研究。

陈杰 上海交通大学国际与公共事务学院公共经济与社会政策系长聘教授，上海交通大学中国城市治理研究院嘉华教授，上海交通大学住房与城乡建设研究中心主任。上海市曙光学者、上海市住房保障和房屋管理行业首批领军人才，住房和城乡建设部科技委员会住房和房地产专业委员会委员。主持在完成和在研国家级课题7项（含国际合作重点项目1项）。在国际权威及知名学术期刊发表SSCI论文四十余篇，在国内权威及核心期刊发表CSSCI论文六十多篇，出版中英文著作6部，主持完成成果获省部级科研获奖十余次（其中一等奖2次）。

李文杰 贝壳找房高级副总裁，贝壳研究院院长。现任北京房地产中介行业协会会长，中国房地产估价师与经纪人学会常务理事，住房和城乡建设部房地产市场调控决策咨询专家。1994年进入房地产行业，作为房地产市场专家，多次参加国内外房地产市场学术会议，曾参加政府工作报告意见征求会，为政府部门提供房地产市场调控政策建议。